课本里的作家

课本里的作家

肖复兴精选集：

阳光的两种用法

肖复兴／著

山东教育出版社
·济南·

图书在版编目（CIP）数据

肖复兴精选集：阳光的两种用法 / 肖复兴著 . —
济南：山东教育出版社，2023.2（2023.3 重印）
（爱阅读·课本里的作家）
ISBN 978-7-5701-2399-5

Ⅰ . ①肖⋯ Ⅱ . ①肖⋯ Ⅲ . ①阅读课—小学—教学参
考资料 Ⅳ . ①G624.233

中国版本图书馆 CIP 数据核字（2022）第 228623 号

XIAO FUXING JINGXUAN JI : YANGGUANG DE LIANG ZHONG YONGFA

肖复兴精选集：阳光的两种用法

肖复兴　著

主管单位：山东出版传媒股份有限公司
出版发行：山东教育出版社
　　　　　地址：济南市市中区二环南路 2066 号 4 区 1 号　邮编：250003
　　　　　电话：（0531）82092600　　　　　网址：www.sjs.com.cn
印　　刷：天津泰宇印务有限公司
版　　次：2022 年 2 月第 1 版
印　　次：2023 年 3 月第 2 次印刷
开　　本：700 mm × 1000 mm　1/16
印　　张：12.5
印　　数：10001—15000
字　　数：145 千
定　　价：35.80 元

（如印装质量有问题，请与印刷厂联系调换）
印厂电话：022-29649190

放学的时候，在路口等候校车，看见小孙子从车上跳下来，见到我的第一句话就是："咱们找树叶去吧！"我们便先不回家，沿着落叶缤纷的小路找树叶。

树的语言

那是个冬天，
数九寒冬，我们坐着
爬犁，几匹马拉着，
爬犁飞快地跑着，
可以和汽车比赛。

萤火虫

由于四周幽暗，那一闪一闪的光显得格外明亮，最开始的感觉，它们是上下在跳，高低不一，但跳跃得非常有节奏，仿佛带着音乐一般，让人觉得有种置身童话世界的感觉。

西瓜记事

那时，西瓜刚刚结果，在瓜园里就搭起一个窝棚，每天从白天到夜晚都会派老李头儿看守，他是当地的老农，孤寡一人，伺候瓜地有一手，瓜园被他就像伺候自己的媳妇一样伺候得细致周全，自然每年瓜都结得不错，算是对他的回报。

又到桂花开放时

那一年，小雯十五岁，是江苏常熟的一个中学生，刚上初三，给我写来一封信。那是她写给我的第一封信，她的字娟秀，比一般同年级孩子的字要漂亮得多。

鲫鱼汤

我定睛一看，他手里拎着两条小鱼。那鱼很小，顶多有两寸来长。他接着对我说："一清早我就到七星河给你钓鱼去了，钓了一上午，钓到了现在，就钓上这么两条小鲫瓜子！"

总序

北京书香文雅图书文化有限公司的李继勇先生与我联系，说他们策划了一套《爱阅读·课本里的作家》丛书，读者对象主要是中小学生，可以作为学生的课外阅读用书，希望我写篇序。作为一名语文教育工作者，在中共中央办公厅、国务院办公厅印发《关于进一步减轻义务教育阶段学生作业负担和校外培训负担的意见》（以下简称"双减"）的大背景下，为学生推荐这套优秀课外读物责无旁贷，也更有意义。

一、"双减"以后怎么办？

"双减"政策对义务教育阶段学生的作业和校外培训作出严格规定。我认为这是一件好事。曾几何时，我们的中小学生作业负担重，不少学生不是在各种各样的培训班里，就是在去培训班的路上。学生"学"无宁日，备尝艰辛；家长们焦虑不安，苦不堪言。校外培训机构为了增强吸引力，到处挖掘优秀教师资源，有些老师受利益驱使，不能安心从教。他们的行为破坏了教育生态，违背了教育规律，严重影响了我国教育改革发展。教育是什么？教育是唤醒，是点燃，是激发。而校外培训的噱头仅仅是提高考试成绩，让学生在中高考中占得先机。他们的广告词是"提高一分，干掉千人"，大肆渲染"分数为王"，在这种压力之下，学生面对的是"分萧萧兮题海寒"，不得不深陷题海，机械刷题。假如只有一部分学生上培训班，提高的可能是分数。但是，如果大多数学生或者所有学生都去上培训班，那提高的就不是分数，而只是分数线。教育的根本任务是立德树人，是培根铸魂，是启智增慧，是让学生的德智体美劳全面发展，是培养社会主义建设者和接班人，是为中华民族伟大复兴提供人才，而不是培养只会考试的"机器"，更不能被资本所"绑架"。所以中央才"出重拳""放实招"，目的就是要减轻学生过重的课业负担，减轻家长过重的经济和精神负担。

"双减"政策出台后，学生们一片欢呼，再也不用在各种培训班之间来回奔波了，但家长产生了新的焦虑：孩子学习成绩怎么办？而对学校老师来说，这是一个新挑战、新任务，当然也是新机遇。学生在校时间增加，要求老师提升教学水平，科学合理布置作业，同时开展课外延伸服务，事实上是老师陪伴学生的时间增加了。这部分在校时间怎么安排？如何让学生利用好课外时间？这一切考验着老师们的智慧。而开展各种课外活动正好可以解决这个难题。比如：热爱人文的，可以开展阅读写作、演讲辩论，学习传统文化和民风民俗等社团活动；喜爱数理的，可以组织科普科幻、实验研究、统计测量、天文观测等兴趣小组；也可以开展体育比赛、艺术体验（音乐、美术、书法、戏剧……）和劳动教育等实践活动。当然，所有的活动都应以培养学生的兴趣爱好为目的，以自愿参加为前提。学校开展课后服务，可以多方面拓展资源，比如博物馆、图书馆、科技馆、陈列馆、少年宫、青少年活动中心，甚至校外培训机构的优质服务资源，还可组织征文比赛、志愿服务、社会调查等，助力学生全面发展。

二、课外阅读新机遇

近年来，新课标、新教材、新高考成为语文教育改革的热词。我曾经看到一个视频，说语文在中高考中的地位提高了，难度也加大了。这种说法有一定道理，但并不准确。说它有一定道理，是因为语文能力主要指一个人的阅读和写作能力，而阅读和写作能力又是一个人综合素养的体现。语文能力强，有助于学习别的学科。比如数学、物理中的应用题，如果阅读能力上不去，读不懂题干，便不能准确把握解题要领，也就没法准确答题；英语中的英译汉、汉译英题更是考查学生的语言表达能力；历史题和政治题往往是给一段材料，让学生去分析、判断，得出结论，并表述自己的观点或看法。从这点来说，语文在中高考中的地位提高有一定道理。说它不准确，有两个方面的理由：一是语文学科本来就重要，不是现在才变得重要，之所以产生这种错觉，是因为在应试教育的背景下，语文的重要性被弱化了；二是语文考试的难度并没有增加，增加的只是阅读思维的宽度和广度，考查的是阅读理解、信息筛选、应用写作、语言表达、批判性思维、辩证思维等关键能力。可以说，真正的素质教育必须重视语文，因为语文是工具，是基础。不少家长和教师认为课外阅读浪费学习时间，这主要是教育观念问题。他们之所以有这种想法，无非是认为考试才是最终目的，希望孩子可以把更多时间用在刷题上。他们只看到课标和教材的变化，以为考试还是过去那一套，其实，考试评价已发生深刻变革。目前，考试评价改革与新课标、新教材改革是同向同行的，都是围绕立德树人做文章。中共中央、国务院印发的《深化新时代教育评价改革总体方案》明确指出："稳步推进中高考改革，构建引导学生德智体美劳全面发展的考试内容体系，改变相对固化的试题形式，增强试题开放性，减少死记硬背和'机械刷题'现象。"显然就是要用中高考"指挥棒"引领素质教育。新高考招生录取强调"两依据，一参考"，即以高考成绩和高中学业水平考试成绩为依据，以综合素质评价为参考。这也就是说，高考成绩不再是高校选拔新生的唯一标准，不只看谁考的分数高，而是看谁更有发展潜力、更有创造性，综合素质更高，从而实现由"招分"向"招人"的转变。而这绝不是仅凭一张高考试卷能够区分出来的，"机械刷题"无助于全面发展，必须在课内学习的基础上，辅之以内容广泛的课外阅读，才能全面提高综合素养。

三、"爱阅读"助力成长

这套《爱阅读·课本里的作家》丛书是为中小学生读者量身打造的，符合《义务教育语文课程标准》倡导的"好读书、读好书、读整本的书"的课改理念，可以作为学生课内学习的有益补充。我一向认为，要学好语文，一要读好三本书，二要写好两篇文，三要养成四个好习惯。三本书指"有字之书""无字之书""心灵之书"，两篇文指"规矩文"和"放胆文"，四个好习惯指享受阅读的习惯、善于思考的习惯、乐于表达的习惯和自主学习的习惯。古人说"读万卷书，行万里路"，实际上就是要处理好读书与实践的关系。对于中小学生来说，读书首先是读好"有字之书"。"有字之书"，有课本，有课外自读课本，还有"爱阅读"这样的课外读物。读书时我们不能眉毛胡子一把抓，要区分不同的书，采取不同的读法。一般说来，读法有精读，有略读。精读需要字斟句酌，需要咬文嚼字，但费时费力。当然也不是所有的书都需要精读，可以根据自己的需要决定精读还是略读。新课标提倡中小学生进行整本书阅读，但是学生往往不能耐着性子读完一整本书。新课标提倡的整本书阅读，主要是针对过去的单篇教学来说的，并不是说每本书都要从头读到尾。教材设计的练习项目也是有弹性的、可选择的，不可能有统一的"阅读计划"。我的建议是，整本书阅读应把精读、略读与浏览结合起来，精读重在示范，略读重在博览，浏览略观大意即可，三者相辅相成，不宜偏于一隅。不仅如此，学生还可以把阅读与写作、读书与实践、课内与课外结合起来。整本书阅读重在掌握阅读方法，拓展阅读视野，培养读书兴趣，养成阅读习惯。

再说写好两篇文。学生读得多了，素养提高了，自然有话想说，有自己的观点和看法要发表。发表的形式可以是口头的，也可以是书面的，书面表达就是写作。写好两篇文，一篇规矩文，一篇放胆文。规矩文重打基础，放胆文更见才气。规矩文要求练好写作基本功，包括审题、立意、选材、构思等，同时还要掌握记叙文、议论文、说明文、应用文的基本要领和写作规范。规矩文的写作要在教师的指导下进行。放胆文则鼓励学生放飞自我、大胆想象，各呈创意、各展所长，尤其是展现自己的写作能力、语言表达能力、批判性思维能力和辩证思维能力。放胆文的写作可以多种多样，除了大作文，也可以写小作文。有兴趣的学生还可以进行文学创作，写诗歌、小说、散文、剧本等。

学习语文还要养成四个好习惯。第一，享受阅读的习惯。爱阅读非常重要，每个同学都应该有自己的个性化书单。有的同学喜欢网络小说也没有关系，但需要防止沉迷其中，钻进"死胡同"。这套《爱阅读·课本里的作家》丛书，给中小学生课外阅读提供了大量古今中外的名家名作。第二，善于思考的习惯。在这个大众创业、万众创新的时代，创新人才的标准，已不再是把已有的知识烂熟于心，而是能够独立思考，敢于质疑，能够自己去发现问题、提出问题和解决问题，需要具有探究质疑能力、独立思考能力、批判性思维和辩证思维能力。第三，乐于表达的习惯。表达的乐趣在于说或写的过程，这个过程比说得好、写得完美更重要。写作形式可以不拘一格，比如作文、日记、笔记、随笔、漫画等。第四，自主学习的习惯。我的地盘我做主，我的语文我做主。不是为老师学，也不是为父母长辈学，而是为自己的精神成长学，为自己的未来学。

愿广大中小学生能借助这套《爱阅读·课本里的作家》丛书，真正爱上阅读，插上想象的翅膀，飞向未来的广阔天地！

目录

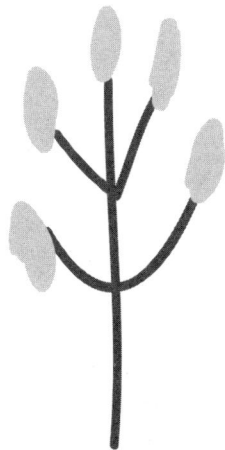

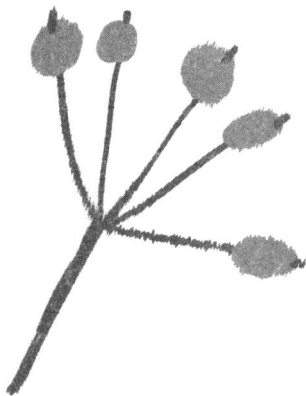

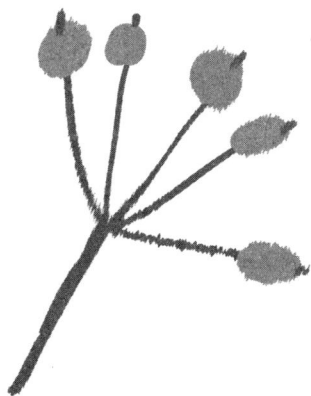

我爱读课文

原文赏读

阳光的两种用法

体　　裁：散文

作　　者：肖复兴

创作时间：当代

作品出处：部编版语文六年级（下册）

内容简介：讲述冬天妈妈把阳光叠在被子里，夏天毕大妈把阳光煮在水里这两件事，写出了儿时生活的艰苦。

////////////////// 读前导航 //////////////////

阅读准备

肖复兴是中国二十世纪八十年代以后创作较为活跃、收获颇为丰厚的作家之一。他的作品朴实无华，向人们讲述着一个个看上去颇为平常的故事。而正是在这一系列似乎谁都可能经历过的故事中，作者写出了他对生活的独到观感，写出了人的处境、人的精神渴求，写出了社会在其演进发展过程中的细微变化。正如他所讲的："要当有风格的作家，不能当起哄凑热闹的作家，不充当摇旗呐喊的小卒角色。"

肖复兴的散文创作涉猎范围很广，包括风土人情、自然境界及音乐艺术的记述作品。在作品中，作者文笔细腻，作品意味隽永，表达了水之意蕴、山之精魂、音乐之永恒，引导读者漫游于自由广阔的艺术天地。

目标我知道

学习目标	会写"浆、窝、馨、毒、溶、舀"等生字 会认"醋、庸"这两个生字
学习重点	把握文章的重要内容 体会作者塑造的母亲形象
学习难点	学习描写事物和人的写作方法 学习把一件事写清楚的写作方法

精彩赏读

课本原文

阳光的两种用法

①童年的大院里，住的都是引车卖浆者流，生活不大富裕，日子各有各的过法。

【第一部分（①段）：开头交代了大院里的人生活都不富裕，引出下文。】

②冬天，屋子里冷，特别是晚上睡觉的时候，被窝里冰凉如铁，那时家里连个暖水袋都没有。母亲有主意，中午的时候，她把被子抱到院子里，晾到太阳底下。其实，这样的法子很古老，几乎各家都会这样做。有意思的是，母亲把被子从绳子上取下来，抱回屋里，赶紧就把被子叠好，铺成被窝状，晚上睡觉我钻进去时，

【冰凉如铁】像铁一样冰冷。

[1] "把老阳儿叠起来了"既表现了母亲的生活智慧，也表达了我对母亲的赞颂。

被子里还是暖乎乎的，连被套的棉花味道都烤了出来，很香的感觉。母亲对我说："我这是把老阳儿叠起来了[1]。"母亲一直用老家话，把太阳叫老阳儿。"阳儿"读成"爷儿"音。

③从母亲那里，我总能听到好多新词。把老阳儿叠起来，让我觉得新鲜。太阳也可以如卷尺或纸或布一样，能够折叠自如吗？在母亲那里，可以。阳光便能够从中午最热烈的时候，一直储存到晚上我钻进被窝里，温暖的气息和味道，让我感觉到阳光的另一种形态，如同母亲大手[2]的抚摸，比暖水袋温馨许多。

[2] 运用比喻的修辞手法，把阳光比喻成母亲的大手。

【第二部分（②-③段）：通过写母亲晒被子，引出了阳光的第一种用法。】

【溶解】指的是一种物质以分子或离子等状态均匀地分散在另一种物质中。

④街坊毕大妈，靠摆摊儿养活一家老小。她家门口有一口半人多高的大水缸，冬天用它来储存大白菜，夏天它还有特殊的用处。夏天到来时，每天中午，毕大妈都要接满一缸自来水，骄阳似火，毒辣辣地照到下午，晒得缸里的水都有些烫手了。水能够溶解糖，溶解盐，水还能够溶解阳光，这大概是童年时候我最大的发现了。溶解糖的水变甜，溶解盐的水变咸，溶解了阳光的水变暖，变得犹如母亲温暖的怀抱[3]。

[3] 用排比的修辞手法，让阳光化作母爱。

【大呼小叫】高一声低一声地乱叫乱喊。

⑤毕大妈的孩子多。黄昏，她家的孩子放学了，毕大妈把孩子们都叫过来，一个个排队洗澡。毕大妈用盆舀的就是缸里的水，正温乎，孩子们连玩带洗，大呼小叫，噼里啪啦的，溅起一盆的水花，个个演出一场哪吒闹海。

⑥那时候，各家都没有现在普及的热水器，洗澡一般都是用火烧热水，像毕大妈这样给孩子洗澡，在我们大院是独一份。母亲对我说："看人家毕大妈，把老阳儿煮在水里面了！"

【第三部分（④-⑥段）：通过夏天毕大妈把水缸的水晒热洗澡，引出了阳光的第二种用法。】

⑦我得佩服母亲用词的准确和生动，一个"煮"字，让太阳成了居家过日子必备的一种物件，柴米油盐酱醋茶，这开门七件事之后，还得加上一件，即母亲说的老阳儿。

⑧真的，谁家都离不开柴米油盐酱醋茶，但是，谁家又离得开老阳儿[1]呢？如同清风朗月不用一文钱一样，老阳儿也不用花一分钱，对所有人都大方且一视同仁，而柴米油盐酱醋茶却样样都得花钱买才行。不过，如母亲和毕大妈这样将阳光派上如此用法的人家，也不多。这样的用法，需要一点儿智慧和温暖的心，更需要在艰苦日子里磨炼出的一点儿本事。阳光成了居家过日子的一把好手，陪伴着母亲和毕大妈一起，让那些庸常而艰辛的琐碎日子变得有滋有味。

【第四部分（⑦-⑧段）：总体写阳光对生活的帮助，也写出了伟大的母爱。】

[1] 作者反复提到"老阳儿"，起到了贯穿全文情感脉络的作用。

【一视同仁】原指圣人对百姓一样看待，同施仁爱。后多表示对人同样看待，不分厚薄。

【琐碎】细小而繁多。

作品赏析

作者在文中写出了妈妈的责任，竭力保证全家温饱的母亲"把老阳儿叠起来"带给我们温暖与快乐。这种智慧和温暖的心在艰苦日子里磨炼出的一点儿本事，说明了母亲就是照亮和温暖我们生命的阳光，是我们所有幸福和感恩的来源。

////////////////////// 积累与表达 //////////////////////

字词我来记

会写的字

jiāng	部首	笔画	结构	造字	组词
浆	水	10	上下	形声	泥浆　豆浆
	辨字	奖（获奖　奖状）　桨（船桨）			
字义	1.较浓的液体。2.用粉浆或米汤浸纱、布或衣服使干后发硬发挺。				
造句	小刚满身泥浆地从外面跑了进来。				

wō	部首	笔画	结构	造字	组词
窝	穴	12	上下	形声	鸟窝　酒窝
	辨字	锅（铁锅　锅巴）　蜗（蜗牛）			
字义	1.鸟兽、昆虫住的地方。2.比喻人安身、聚居的地方。				
造句	小明头发乱得像个鸡窝。				

xīn	部首	笔画	结构	造字	组词
馨	香	20	上下	形声	温馨　馨香
	辨字	罄（售罄　告罄）			
字义	散布得远的香气。				
造句	这么温馨的一幕实在令人感动。				

dú 毒	部首	笔画	结构	造字	组词	
	母	9	上下	形声	毒药 毒害	
	辨字	每（每天 每个） 霉（倒霉 发霉）				
字义	1.毒辣；猛烈。2.用毒物害死。					
造句	即便装入金杯，毒药还是毒药。					

róng 溶	部首	笔画	结构	造字	组词	
	氵	13	左右	形声	溶解 消溶	
	辨字	熔（熔接 熔化） 容（容貌 容颜）				
字义	溶化；溶解。					
造句	樟脑溶解于酒精而不溶解于水。					

yǎo 舀	部首	笔画	结构	造字	组词	
	白	10	上下	会意	舀水 舀粥	
	辨字	滔（滔滔不绝）				
字义	用瓢、勺等取东西（多指液体）。					
造句	我在水缸了舀了一瓢水。					

会认的字

cù 醋	组词
	醋酸 酿醋

yōng 庸	组词
	平庸 中庸

近义词

富裕——富足　　储存——积存　　温馨——温暖

反义词

富裕——贫穷　　储存——消耗

日积月累

1.冬天，屋子里冷，特别是晚上睡觉的时候，被窝里冰凉如铁，那时家里连个暖水袋都没有。

2.温暖的气息和味道，让我感觉到阳光的另一种形态，如同母亲大手的抚摸，比暖水袋温馨许多。

3.这样的用法，需要一点儿智慧和温暖的心，更需要在艰苦日子里磨炼出的一点儿本事。

读后感想

读《阳光的两种用法》感悟

在阳光的照耀下，我读完了肖复兴的这篇《阳光的两种用法》，心里突然有一种莫名的惭愧与懊悔，想到了母亲从小到大对我的爱。

与作者相比，我们的童年是灿烂的，幸福的。作者小的时候挤在一个大院里生活，冬天没有暖气，冻得无法入睡，是母亲借助阳光的温暖让他在寒夜里体会到一丝暖意。这不仅包含了阳光的暖，也包含了母亲对孩子的爱，想尽办法不让孩子冻着。而如今，我们住在冬天有暖气、夏天有空调的楼房里，无忧无虑地生活着，却感觉理所当然，觉得只有暖气才能带给我们温暖、只有空调才能带给我们凉意，而忘记了这些都是父母对我们的爱。单从这一点上看来，我们就已经与作者有了天壤之别，我们拥有了许多，但是我们还是不知足，只想奢求人世间更好、更多的东西。

是啊，在父母面前我们经常衣来伸手，饭来张口，只顾着让父母为自己遮风挡雨，从不用自己独自在"人间"闯荡。现在，我们应该悔过曾经的奢望，学会珍惜现在所拥有的一切，更要对父母多一份爱。

文中的故事，能唤起每一个人爱母亲的心，好好去爱自己的父母，毕竟有些东西失去，将永远无法挽回！透过这些别人的故事，我们同样能看清真实的自己。最美好的东西，不在于言说，而在心与心的传递之中。关心自己的母亲，要尽全力去孝养自己的母亲！而这更应该是天下子女一个持续且不断丰富的人生的责任、经历和过程。任何儿女用一辈子也报答不尽母亲的爱。百善孝为先，尽你的最大努力孝敬父母吧！

精彩语句

1.而如今，我们住在冬天有暖气、夏天有空调的楼房里，无忧无虑地生活着，却感觉理所当然，觉得只有暖气才能带给我们温暖、只有空调才能带给我们凉意，而忘记了这些都是父母对我们的爱。

作者用对比的手法，通过比较自己的童年和肖复兴的童年，反映出自己童年的幸福，但是在当时却不懂这种幸福是父母赐予的。

2.百善孝为先，尽你的最大努力孝敬父母吧！

结尾引用"百善孝为先"这句名言，要让所有人明白孝敬父母是第一位的。

妙笔生花

读了《阳光的两种用法》，你感受到母爱了吗？动动手中的笔，写一写母亲为你做过的事！

_____

_____

_____

_____

_____

/////////////////////// 知识乐园 ///////////////////////

一、改正下列成语中的错别字。

彬凉如铁（　　）　　　　　　大乎小叫（　　）

娇阳似火（　　）　　　　　　一视同人（　　）

二、我会读课文。

默读第②、③自然段，想一想："被窝里冰凉如铁，那时家里连个暖水袋都没有"写出了_____；母亲把被子抱回屋，"赶紧就把被子叠好，铺成被窝状，晚上睡觉我钻进去时，被子里还是暖乎乎的"写出了_____；"让我感觉到阳光的另一种形态，如同母亲大手的抚摸，比暖水袋温馨许多"又写出了_____。

三、第⑥自然段中"独一份"指的是（　　）。

A. 毕大妈的孩子比较多，洗澡的时候需要排队一个个地洗。

B. 毕大妈接满一缸水，像溶解糖、盐一样，把阳光溶解在水里。

C. 毕大妈不用烧热水，就解决了一大家子人洗澡的问题。

D. 毕大妈的孩子多，洗澡时连玩带洗，噼里啪啦，与众不同。

四、用简洁的语言概括文中阳光的两种用法，不超过 6 个字。

_____

五、文中塑造了两位母亲的形象。通读全文，想一想，她们各自有哪些特点？又有哪些共同之处呢？请结合文中的相关语句谈谈你的理解。

_____

_____

_____

_____

课本作家作品

自主阅读

只有清香似旧时

三十年前的1986年，我写过一部长篇小说《青春梦幻曲——一个女中学生的日记》，起因于我到母校汇文中学参加一个座谈，一位正读高三的女同学拿来她读高中所写的三大本日记给我看，说或许对于您的写作有帮助。那一年，她正好十七岁。

十七岁真的是人生最美好的季节。记得席慕蓉写过一首诗，其中有一句"十六岁的花季只开一次"最为出名。其实，诗中的"十六岁"换成十七岁才最合适，因为十六岁的年龄还小，十七岁已经和十八岁只有一步之遥，是成年礼的前奏，换季时的花开只有一次，才越发显得珍贵的独一无二。电影《十七岁的单车》，将年龄定位得更准确。

那三本日记里，十七岁的日记最让我感动和难忘。她写的确实好，不是现在网上或手机微信中流行语的汇编或摘抄，而是她自己的真情实感，而且有具体的内容，鲜活的人物。它让我触摸到一个青春少女的情感与心理谱线。我抄录了好多，她的日记帮助我完成了这部长篇小说。在小说中，我给她取了个新名叫"路天琳"。高三毕业时，她执意报考外地的大学，考入了四川大学生物系遗传专业。于是，我在小说加了一个尾声，以她的口吻写了一封信，讲述了她进入大学的心情和生活。在四川大学的校园里，告别了她的十七岁，进入到十八岁。她说仿佛自己一下子变老了。

三十年过去了，至今还有天真而善良的读者给我写信，关心地询问路天琳的近况，他们以为小说中的人物就是那个考入了四川大学的真实的姑娘。我也很想知道今天她的情况。从母校老师那里打听到她的近况，找到她，并不很难。可是，我始终没有打听。说心里话，我有些害怕。

算一算，她今年应该四十七八岁了，已属熟女，不仅容颜会大大改变，心态也会和以前大不相同。她应该早已经结婚生子，上有老，下有小，两头担子一肩挑。和很多这样年龄的中年妇女一样，或许还在为房子还贷，为孩子上学，为已经年迈的父母养老，甚至为自己的职场生涯发愁。没错，不管是十六岁还是十七岁，那年龄的花季只开一次。以后的日子，不敢说就一定是残花败柳，却敢说再开的花，绝不是青春鲜艳的桃李，而会是秋季的霜菊或蜀葵了。

谁都经历过狼狈不堪的中年。十七岁时即使流泪也会是偷偷地流，让泪水溅湿自己的日记本；二十七岁时即使大把大把地流泪，也会有人递过来香水手帕或纸巾，甚至为你体贴拭泪；四十七岁时流泪，只能暗自流进心底。这实在是一个尴尬的年龄，我害怕打听到的消息，和我想象中的满拧。即便她没有变成一名怨妇，没有变成一个"名牌控"或"网购狂"，而只是变成了一个过于实际的女人，也会带给我失望。

十七岁，是一个多么美好的年龄。尤其是她，在她的那三本日记里绽开的是多么芬芳美丽的花朵，即使是一片被风吹落的花瓣，也闪动着跳跃着那样充满敏感、善感和美感的心思和心情，是那样地让我感动而难忘，让我的心里和笔端都洋溢着无比美好的想象和憧憬，以致想起自己的十七岁并和她进行对比。

　　每个人都有自己的十七岁，只有一次，却值得无比的怀念。但是，不见得每个人都能够如她一样详尽细致而生动地记录下自己十七岁的日记。说句心里话，我最怕见到她，问到那三本日记是否还保存至今，她回答我说那些幼稚可笑的日记早被我丢掉了。当然，也许不会，只是我隐隐的担心而已，那毕竟是她自己的青春。放翁有这样一句诗：人间万事消磨尽，只有清香似旧时。十七岁花季只开一次，但它所留有的清香却是可以保鲜一生的。

落叶的生命

想找树叶做手工，已是入冬。几场冷风冷雨，树上的叶子凋零无几，大多落在地上。不过，由于雨水频繁，落在地上的叶子湿润，还散发着树枝的气息，呼应着残存在枝头上的叶子，做最后的告别，虽有几分凄婉，却也十分动人。

放学的时候，在路口等候校车，看见小孙子从车上跳下来，见到我的第一句话就是："咱们找树叶去吧！"我们便先不回家，沿着落叶缤纷的小路找树叶。这时候，才会发现，秋末时分枝头上的树叶，或金黄，或红火一片，在秋风的吹拂下，是那样的灿烂炫目，落在地上的叶子却有别样的形状、色彩和风情。

形状不一样了。由于距离的变化，拿在手中，近在眼前，才发现同样都是枫树，有三角枫、五角枫和七角枫的区别。而且，不同的枫叶，像伸出不同的触角，活了一般，让那红色的叶脉弯弯曲曲像是真的有血液在流动。不同流向的叶脉，让叶子的触角有了不同的弧度，那弧度像是舞蹈演员柔软而变幻无穷的手臂，富有韵律，让我们充满想象，便也成为我们做手工最佳的选择。我和小孙子用这样红色和黄色的枫叶，做成的金孔雀和红孔雀，让我们自己都惊讶，那一片片枫叶怎么那么像孔雀开屏时漂亮的羽毛呢？好像它们就是特意落在地上，等着我们弯腰拾起，去做孔雀那五彩洒金的尾巴呢。

还有那槭树和石楠的叶子，椭圆形，粗看起来，大同小异，细看大有玄机。石楠叶小，槭树叶大，小的小巧玲珑，像童话里的小姑娘，大的像大姐姐一样温柔敦厚。石楠叶薄，薄得几乎透明，红红的颜色像是过滤了一样，淡淡的胭脂似的，可以随风起舞蹁跹。槭树叶厚，且有光亮的釉色，像穿着盔甲的武士，似乎能够听到风声、雨声；又像天鹅绒的幕布，拉开来，舞台上就可以上演有趣的戏剧。槭树叶和石楠叶最好找，几乎遍地都是，我们常常会如进山寻宝的人，总有些贪婪，弯腰拾起了这片，又抬头看见了那片，捧在手里一大捧，反复权衡，恋恋不舍，好像它们都是我们的至爱亲朋。我们用不同的槭树叶做成了不同形状的鱼，用不同的石楠叶做成了莲花。五片石楠叶错落在一起，就是一朵盛开的莲花；大小两片石楠叶合在一起，就是一朵含苞待放的娇羞的莲花；再找两片小小的黄栌，要找那种还能顽强保持着绿色的叶子，放在莲花下面，就是"莲叶田田"了。

当然，色彩也不一样了呢。别看落叶没有了在枝头连成一片的金黄和火红耀眼的阵势，但落叶不是落花顷刻辗转成泥，溃不成军。落叶区别于树上叶子的重要之处，在于树上的叶子连成一片的金黄和火红，让所有的叶子变成了一种颜色，湮没在相同的色彩之中，很像当年见过的"红海洋"和如今已经泛滥的梵·高向日葵的金黄色。落叶散落在草丛中，灌木间，或泥土里，却是色彩不尽相同，彰显每一片叶子舒展的个性，甚至色彩渗进叶脉，都让我们看得触目惊心，也赏心悦心。

同样是杜梨树上落下的叶子，经霜和被雨水反复打湿后，每一片叶子上的红色已经相同，那种沁入红色深处的黑色光晕，浸淫红色四周的褐色斑点，像磨出的铁锈，溅上的离人泪，似乎让每一片落叶都有了专属于自己前世的故事似的，更让每一片落叶都成了一幅绝妙而无法复制的图画。由于杜梨叶比较厚实，叶子上面有一层釉色，显得很是油亮，每一片落叶都像是一幅精致的油画小品。那些随心所欲而富有才华的大色块渲染，毕加索未见得能够胜上一筹；那些飞溅而落的斑斑点点，西尔斯拿手的点彩也未见得能够如此五彩缤纷。

杜梨叶，是我们最喜欢的，我们常常在地上仔细寻找，不放过任何一片闯入眼帘的叶子，常常会有美丽的邂逅而让我们赏心悦目，便常常会听见小孙子的大呼小叫："爷爷，快看，这里有一片好看的树叶！"

找到的最好看最别致的一片杜梨叶，竟然是黑色的。那种黑，不是被污染的乌黑，也不是姑娘劣质眉笔的那种漆黑，而是油亮油亮的黑，叶子的边缘有一层浅浅的灰色，像黑色的火焰燃尽之后吐出后一抹余韵；像淡出画面之外的空镜头里的远天远水，让叶子的黑色充满想象的韵味。

这片黑色的杜梨叶，一直没有舍得用。也不是真的舍不得，是不知道用在哪里恰到好处。我们用别的杜梨叶做的热带鱼或大公鸡，都让不同色彩的杜梨叶尽显各自的英雄本色，让那种不同的红色交织成一曲红色的交响乐。只是这片黑杜梨叶，一直夹在书本里。曾经想用它做成一只海龟，它黑亮黑亮的釉色和粗粗的叶脉，还真有几分海龟的意思。也曾经想把它一剪两半，做成两条木船，在上面用银杏叶和红枫叶做成它们各自的风帆。但是，都觉得不是最佳选择。它暂时还沉睡在我们的书本里，它的生命跃动，在我们的想象中，也在它自己的梦中。

真的，别以为落叶就是死掉的树叶，落叶离开树枝，不过是生命另一种形式的转移。龚自珍诗曾说："落红不是无情物，化作春泥更护花。"落叶更是如此，更具有化为泥土中腐殖质的营养作用，来年新一轮春花的盛开，是落叶生命的一种呈现。如今，落叶生命的另一种呈现，在我和小孙子的手工中，它们存活在我们的册页里和记忆中。

树的语言

在东北的山脉，大小兴安岭最为有名。完达山只是小兴安岭的余脉，算不上多么出名。如今时兴旅游，都到兴安岭，没听说到完达山去的。不知为什么，我常常想起完达山。

其实，我只进山伐过一次木。在北大荒的时候，只要天气好，几乎天天可以望见完达山，它好像离我不远，但望山跑死马呀。渴望进山看看，是那时不止我一个人的愿望。

那是个冬天，数九寒冬，我们坐着爬犁，几匹马拉着，爬犁飞快地跑着，可以和汽车比赛。刚进完达山。风雪飘起，洁白如玉的雪，厚厚地铺满山路，爬犁辙印下粗粗的凹痕，立刻就又被雪花填平。如果没有两边的参天林木，爬犁始终像是在一面晶莹的镜面上飞行。

快到目的地了，雪说停就停了。好像突然之间太阳就露头，天上的雪花不知藏到哪里，只剩下了地上一片白茫茫。一下子，不知从哪儿突然飞来一群像麻雀大的小鸟，当地人管这种鸟叫"雪燕"，它们浑身的羽毛和雪花一样也是白色的，只是略微带一点儿浅褐色。雪地上飞起飞落着小巧玲珑的雪燕，和雪地那样浑然一体的白，在夕阳金色的余晖映照下，分外迷人。那情景有些像童话，仿佛我们要赶去参加森林女王举办的什么舞会，而它们就是森林女王派来的向导。那群雪燕在我们的爬犁前飞起飞落，然后飞到林子里，落在树枝上，坠得树枝颤巍巍的，溅落下的雪花响起一阵细细的声响，如同音乐一般美妙。我以为那是不会讲话的树的独特语言。

安扎下帐篷，已经到了晚上，一弯奶黄色的月亮升起来，在缀满雪花和冰凌的树枝间穿行。第一顿饭，我们用松木点燃起篝火，把带来的冻馒头放在铁锹上，架在火上烤，烤得金黄的馒头带有松木的清香。我们吃凉不管酸，吃着这样松香撩人的烤馒头，欢笑声四起。

这时候，风吹了过来。开始，风不大，柔和得如同抚摸。渐渐的，风变大了，竟然吹灭了篝火，也吹灭了我们的欢笑声，一下子，四周寂静无声，只能听见风呼呼叫着。就在这时候，我忽然听见了从森林里传来了风掠过树枝的飕飕声音，那声音比尖利的风声要显得浑厚，像是大海翻滚着波涛在一阵阵地涌来。看着树木的枝条尽情摇摆、随风呼啸的样子，我想树是不会说话，如果会说话，这就应该是它的语言，满山满谷共鸣，如同大合唱，此起彼伏，回声嘹亮。

那一次，在完达山伐木很长时间。几乎一个冬天，天天被树木簇拥，被森林包围，对于森林，对于树木，我有了一种童话般的感觉。这种感觉，是在别处未曾有过的。尤其是对比荒原，这种感觉更为强烈。荒原上有荒草萋萋，夏天绿浪翻滚，秋天金黄一片，风吹过时也会飒飒有声，荡漾到天边。但是，没有再完达山的那种童话般的感觉。大概荒原显得荒凉，森林显得丰富，更重要的是，森林里那些树会说话，无论微风还是狂风掠过时，树的语言，融化在它们舞蹈般的形体里，让我新奇、难忘。

很多年过后，也就是前几年，在土耳其的伊斯坦布尔，我头一次在剧场看到中国残疾人艺术团的表演，那些可爱的聋哑孩子们演出的舞蹈，他们不会讲话，但是，他们伸展、挥舞的手臂，真的比我们会说话的正常人的语言还要美。那一刻，不知怎么搞的，我想起了当年在完达山时的情景。那满山树木尽情地摇摆着枝条和枝叶的样子，是多么像聋哑人的手语，尽管他们说不出话来，但那无限丰富的表情与表达，一点也不亚于我们说话时丰富多彩的语言。他们的手指和舞动着的整个手臂，多么像是风中树木摇曳多姿的枝条。

我想，曾经在完达山听到的树枝溅落下雪花的声音和满山林涛的呼啸，并不真的是树的语言，那只借助了雪和风所发出的声音。真的树的语言是无声的，是浸透在枝条那无尽的伸展和摇曳之中的，就像这些聋哑孩子挥舞着手臂的手语。没准儿，最初手语的灵感，就来自风中树枝的舞动。聋哑人比我们和大自然的关系更为亲近而心心相通。

树的敬畏

古罗马的哲学家奥古斯丁，羞愧于情欲的私缠而想跪拜在神的面前忏悔，他没有去到教堂的十字架前，而是跪倒在一棵无花果树下。

古罗马的诗人奥维德，在他的伟大诗篇《变形记》中所写的菲德勒和包喀斯那一对老夫妇，希望自己死后不要变成别的什么，只要变成守护神殿的两棵树，一棵橡树，一棵椴树。

在那遥远的时代里，树是那样让人敬畏。

我国古代也不乏对树的敬畏之心和之举。北京孔庙中传说将奸臣严嵩的官帽刮掉的触奸柏；陕西黄帝陵前拥有千年生命的黄帝手植柏；药王孙思邈庙四周，相传是家中的女人为上山修庙的男人节省粮食而自己吞吃柏树籽，死后变成的那森森古柏——无一不充满着对树的敬重。明朝在北京建都时，到四川伐下那参天大树而奉之如神加以供奉，在修建北京的时候，皇帝便把这里当成敬奉神树的地方，称之为神木厂（如今的花市大街），一样充满着敬畏之心。

如今，我们还有这样对树的敬畏之心吗？

也不能说真的一点也没有了。没听说不少的城市里把远离百里千里之外的古树移栽到城里的事情吗？不少人从事着这样找树移树的中间商的工作。我们以为把古树请到城里来，就是一种对树的敬畏，好像它们再也不用在荒郊野外去餐风饮露了，可以过上饭来张口、衣来伸手的日子了。但是，纵使我们天天为它们浇水施肥，再加以护栏保护，它们很多很快还是死掉了。在我曾经去过的一个城市，他们把附近山林里生长的一种在恐龙时代就有的古老树种——桫椤树（我国二级保护植物），连根带土移栽到城里，精心伺候，结果是一样的，珍贵而美丽的桫椤树还是死掉了。

以为请来古树就会增加城市的文化与历史的厚重，以便招商引资或拓展旅游，本是一厢情愿的事情，是为了自己打算而不是为了树的利益。而那些疯狂去找树移树的人，不过像是以前为皇帝或富贵人家找妃子一样，为了钱而不顾树的生命。

契诃夫在他的剧本《万尼亚舅舅》里，借工程师阿斯特罗夫的口，一再表达他自己的这种思想，即森林能够教会人们领悟美好的事物，森林是我们人类的美学老师。

契诃夫的后辈，巴乌斯托夫斯基在他的小说《森林的故事》里，将契诃夫这一思想阐释得更为淋漓尽致，他说："我们可以看到森林中淋漓尽致地表现了庄严的美丽和自然界的雄伟，那美丽和雄伟还带有几分神秘色彩。这给森林添上特别的魅力，在我们的森林深处产生着诗的真正的珠宝。"他借用普希金诗说森林是"*我们严峻日子里的女友*"。

也许，只有森林覆盖率达到百分之三十以上国家里的人们，才会和森林有着那样密切彻骨的关系，才会对森林产生那样发自心底的向往和崇敬。森林很少而且越来越少的我们，离美也就越来越远。对于森林，我们更看重的是它的实用价值，最好它被伐下木头直接变成了我们的房子和家具，乃至筷子和火柴。我们严峻日子里的女友，也就变成了灯红酒绿时分风情万种的女人。

在商业时代，在缺乏信仰的时代，树只是一种商品而不再是一种自然之神。我们再也不会将树称之为神木，更不会跪倒在一棵树下，或希望自己死后变成一棵树。

生命的平衡

不知道你相信不相信，无论什么样的生命，在短促或漫长的人生中都需要平衡，并且都会在最终得到平衡的。

漂亮的白雪公主自然有其漂亮面庞的如意，却也有后母的嫉妒、被人追杀，以及毒梳子和毒苹果等等危险；不漂亮的灰姑娘自然有其种种悲惨的命运，却也有其终成正果的美好回报。眼睛瞎了，意大利的安德烈·波切利却成了著名的盲人歌唱家；腿残疾了，爱尔兰的克里斯蒂·布朗却用唯一能够活动的左脚敲打键盘，成了著名的作家。个子高的，如姚明，自然成就了他的事业，他可以到美国的 NBA 去打篮球，风光无限；个子矮的，就一定不如个子高的吗？如拿破仑，按现在的标准大概得是二级残疾了，但却不妨碍他成为盖世的英雄。

这就像《红楼梦》里所说的：大有大的难处，小有小的好处。这也就像《伊索寓言》里所讲的：高高的长颈鹿可以吃得着高高树枝头上的叶子，却没办法走进矮小的门；矮矮的山羊吃不着高高树枝头上的叶子，却轻而易举地走进了矮小的门。

懂得了生命中的这一点意义，不仅是让我们不必为我们自身的长处而骄傲，不必为我们自身的短处而悲观；也不仅是让我们知道拥有再多，总会有失去的时候，失去的再多，总会得到补偿的机会；更重要的是，让我们充分去体味到生命其实是一条流淌的河，乱石穿空，惊涛拍岸，卷起千堆雪，是生命中的一种情景；潮平两岸阔，风正一帆悬，也是生命的一种情景；一条河在流淌的过程中，不可能总是前一种风景，也不可能总是后是一种风景，它要在总体流量的平衡中才会向前流淌，一直流入大江大海。因此，我们不必去顾此失彼，我们不必去刻意追求某一点，从而在这样生命的平衡中，让我们的心态更加从容，让我们的生活更加平和，让我们的人生更加是一幅舒展的画卷。

那年我去土耳其，遇见当今被称之为土耳其首富的萨班哲先生。说萨班哲先生是土耳其的首富，并不虚传，并不夸张。所有在大街上跑的丰田汽车，都是他家的生产；凡是有蓝底白字 SA 字母牌子的地方，都是他家的产业；凡是都蓝底白字 SA 字母商标的东西，都是他家的产品。在土耳其，SA 的标志，触目皆是，萨班哲的名字，家喻户晓。

如此富有的人，却也有命运不济的地方，他的两个孩子，一个儿子，一个女儿，都有智力缺陷。命运，就是和他这样开着残酷的玩笑。他却以为这其实就是生命给予他的一种平衡，而不去怨天尤人。他的想法，和我们古人的想法很有些相似之处：人有悲欢离合，月有阴晴圆缺，此事古难全。想到生命这样的一点平衡的意义，他的心也就自然平衡了。命运在一方面给予他别人无法企及的财富，在另一方面便给予他对比如此触目惊心的惩罚。他想开了，惩罚也可以变成回报，两者之间沟通的桥需要的就是生命的平衡力量。他便将他那么富裕的钱，不是仅仅为了留给他的两个孩子，而是在伊斯坦布尔修建了一座残疾人的公园，公园里所有的器械都是为残疾人专门设计的，就连游乐场上的摇椅，都有供残疾人不用离开轮椅而坐上坐下的自动装置。他希望以自己能够做到的事情来平衡更多残疾人不如意的生活，从而使自己不如意的生活达到新的平衡。

萨班哲先生那时已经七十岁有余，虽如此富有，其实自己的一生却非常"抠门"，但到了该花钱的时候，他却一掷千金，比如修建伊斯坦布尔的这座残疾人公园。他在富有与贫穷、健全与残疾、得到与失去中寻找到了自己的平衡。

我们去参观以他的名字命名的萨班哲博物馆。博物馆就建在博斯普鲁斯海峡的岸边，进可以观各种名画，外可以看海水蔚蓝、海鸥翩翩和博斯普鲁斯大桥的巍峨壮观，真是非常的漂亮。这里原来是他的私人住宅，他捐献出来改建成了这座博物馆。在这座博物馆里，最有趣的是一间陈列室里，挂满的全部都是萨班哲先生的漫画。萨班哲先生请来土耳其的漫画家们画他自己，让他们怎么丑怎么画，越丑越好，画成了这样满满一屋子的漫画。有时候，他到这里来看一屋子包围着他的、画着他的那一幅幅丑态百出的漫画，他很开心，他在这里找到了在外面被人或鲜花或镜头所簇拥着、恭维着所没有的平衡，他在这里找到了在两个残疾智障孩子给予他伤心中所没有的欢乐。萨班哲先生真是洞悉了世事沧桑，彻悟到了人生三味。他实在是一个智慧的老头，懂得平衡的艺术真谛。

我们能够拥有他这样洒脱而潇洒的心态吗？我们能够拥有他这样宠辱不惊的自我平衡的力量吗？如果我们也一样拥有，我们的人生就会和萨班哲先生一样过得充实而愉快，而不会因为一时的得意而忘乎所以，因一时的失意而绝望到底，我们便和萨班哲先生一样在世事的跌宕中历练自己，在生命的平衡中体味到人生的意义。

这样，我们的生命处于一种能量守恒状态中，才对生活中所呈现出极端不会或得意忘形或惊慌失措。比如，有时候我们会处于睡眠状态，有时候我们会处于亢奋状态；有时候我们会如孔雀开屏四面叫好，有时候我们会如老鼠钻木箱两头挨堵；有时候我们需要抹龙胆紫[①]，有时候我们需要搽变色口红……生命就是在这样的阴阳契合、内外互补、得失兼备和相辅相成中达到平衡。寻找这样的平衡，便会寻找到了生活的艺术，寻找了生命和人生的意义。生命平衡的力量，其实就是我们平常生活的定力，是我们琐碎人生的定海神针。

———————

① 龙胆紫：紫药水。

宽容是一种爱

有一首小诗这样写道："学会宽容 / 也学会爱 / 不要听信青蛙们的嘲笑 / 蝌蚪 / 那又黑又长的尾巴…… / 允许蝌蚪的存在 / 才会有夏夜的蛙声。"

在竞争激烈的社会，在唯利是图的商业时代，宽容同忠厚一样，都成了无用的别名，让位于针尖对麦芒的斤斤计较，最起码也成了你来我往的 AA 制的记账方式。但是，我还是要说：宽容是一种爱。

十八世纪的法国科学家普鲁斯特和贝索勒是一对论敌，他们关于"定比"这一定律争论了九年之久，各执己见，谁也不让谁。最后的结果，以普鲁斯特的胜利而告终，普鲁斯特成了"定比"这一科学定律的发明者。普鲁斯特并未因此而得意忘形。他真诚地对曾激烈反对过他的论敌贝索勒说："要不是你一次次的质疑，我是很难把定比定律深入研究下去的。"同时，他特别向公众宣告，发现定比定律，贝索勒有一半的功劳。

这就是宽容。允许别人反对，并不计较别人的态度，而充分看待别人的长处，并吸收其营养。这种宽容是一泓温情而透明的湖，让所有一切映在湖面上，天色云影，落花流水。这种宽容让人感动。

我们的生活日益纷繁复杂，头顶的天空并不尽是梵·高涂抹的一片灿烂的金黄色，脚下的大地也不尽如平原一样平坦。不尽如人意、烦恼、忧愁，甚至让我们恼怒、无法容忍的事情，可能天天会摩肩接踵而来，才下眉头，又上心头，抽刀断水水更流。我所说的宽容，并不是让你毫无原则地一味退让。宽容的前提是对那些可宽容的人或事，宽容的核心是爱。宽容，不是去对付，去虚与委蛇，而是以心对心地去包容，去化解，去让这个越发世故、物化和势利的粗糙世界变得湿润一些。而不是什么都要剑拔弩张、斤斤计较，什么都要拼个你死我活。即使我们一时难以做到如普鲁斯特一样成为一泓深邃的湖，我们起码可以做到如一只青蛙去宽容蝌蚪一样，让温暖的夏夜充满嘹亮的蛙鸣。我们面前的世界不也会多一份美好，自己的心里不也多一些宽慰吗？

　　宽容是一种爱。要相信，斤斤计较的人、工于心计的人、心胸狭窄的人、心狠手辣的人……可能一时会占得许多便宜，或阴谋得逞，或飞黄腾达，或风光占尽，或独占鳌头……但不要对宽容的力量丧失信心。用宽容所付出的爱，在以后的日子里总有一天会得到回报，也许来自你的朋友，也许来自你的对手，也许来自你的上司，也许来自时间的检验。

　　宽容，是我们自己的一幅健康的心电图，是这个世界的一张美好的通行证！

学会感恩

西方有一个感恩节。那一天，要吃火鸡、南瓜馅饼和红莓果酱。那一天，无论天南地北，再远的孩子，也要赶回家。

我总有一种遗憾，我们国家的节日很多，唯独缺少一个感恩节。我们也可以东施效颦吃火鸡、南瓜馅饼和红莓果酱，我们也可以千里万里赶回家，但那一切并不是为了感恩，团聚的热闹总是多于感恩。

没有阳光，就没有日子的温暖；没有雨露，就没有五谷的丰登；没有水源，就没有生命；没有父母，就没有我们自己；没有亲情友情和爱情，世界就会是一片孤独和黑暗。这些都是浅显的道理，没有人会不懂，但是，我们常常缺少一种感恩的思想和心理。

"谁言寸草心，报得三春晖""谁知盘中餐，粒粒皆辛苦"，我们小时候背诵的诗句，讲的就是要感恩。滴水之恩，涌泉相报；衔环结草，以报恩德，中国绵延多少年的古老成语，告诉我们的也是要感恩。但是，这样的古训并没有渗进我们的血液，有时候，我们常常忘记了，无论生活还是生命，都需要感恩。

蜜蜂从花丛中采完蜜，还知道嗡嗡地唱着道谢；树叶被清风吹得凉爽，还知道飒飒地响着道谢。但是，我们还不如蜜蜂和树叶，有时候，我们往往容易忘记了需要感恩。

没错，感恩的"敌人"，是忘恩负义。但是，真正忘恩负义的人毕竟是少数，大多数的人们常常对别人给予自己的帮助和情谊、恩惠和德泽，以为是理所当然，便容易忽略或忘记，有意无意地站在了感恩的对立面。难道不是吗？我们父母给予我们的爱，常常是细小琐碎却无微不至，不仅常常被我们觉得就应该是这样，而且还觉得他们人老话多，树老根多，嫌烦呢。而我们自己呢，哪怕是同学或是情人的生日，都不会错过他们的聚会，偏偏记不清父母的生日，就并不是什么奇怪的事情了。

懂得感恩的人，往往是有谦虚之德的人，是有敬畏之心的人。对待比自己弱小的人，知道要躬身弯腰，便是属于前者；感受上苍懂得要抬头仰视，便是属于后者。因此，哪怕是比自己再弱小的人给予自己的哪怕是一点一滴的帮助，这样的人也是不敢轻视、不能忘记的。跪拜在教堂里的那些人，仰望着从教堂彩色的玻璃窗中洒进的阳光，是怀着感恩之情的，纵使我并不相信上帝的存在，但我总是被那种神情所感动。

恨多于爱的人，一般容易缺乏感恩之情。心里被怨恨涨满的人，便容易像是被雨水淹没的田园，很难再吸收进新的水分，便很难再长出感恩的花朵或禾苗。

不懂得忏悔的人，一般也容易缺乏感恩之情。道理很简单，这样的人，往往唯我独尊，一切都是他对，他从来都没有错，对于别人给予他的帮助，特别是指出他的错误弥补他闪失的帮助，他怎么会在意呢？不仅不会在意，而且还可能会觉得这样的帮助是多余是当面让他下不来台呢。这样的人，心如冰硬板结的水泥地板，水是打不湿的，便也就难以再松软得能够钻出惊蛰的小虫来，鸣叫出哪怕再微弱的感恩之声来。

财富过大并钻进钱眼里出不来和权力过重并沉溺权力欲出不来的人，一般更容易缺乏感恩之情。因为这样的人会觉得他们是施恩于别人的主儿，别人怎么会对他们施恩且需要回报呢？这样的人，大腹便便，习惯于昂着头走路，已经很难再弯下腰、蹲下身来，更难于鞠躬或磕头感恩于人了。

虽说大恩不言谢，但是，感恩一定不要仅发于心而止于口，对你需要感谢的人，一定要把感恩之意说出来，把感恩之情表达出来。美国曾经有这样一则传说，一个村子里，一家人围坐在餐桌前吃饭，母亲端上来的却是一盆稻草。全家都很奇怪，不知道这究竟是怎么一回事，母亲说："我给你们做了一辈子的饭，你们从来没有说过一句感谢的话，称赞一下饭菜好吃，这和吃稻草有什么区别！"连世上最不求回报的母亲都渴望听到哪怕一点感谢的回声，那么我们对待别人给予的帮助和恩情，就更需要把感恩的话说出来。那不仅是为了表示感谢，就更是一种内心的交流，在这样的交流中，我们会感到世界因这样的息息相通而变得格外美好。

我在报上看到这样一则消息：湖南两姊妹在小时候一次落水后，被一个好心人救起，那人没有留下姓名就走了。两姊妹和她们的父母觉得，生命是人家救的，却连一声感谢的话都没有对人家说，发誓一定要找到这个恩人。他们整整找了二十年，两姊妹的父亲去世了，他们和母亲接着千方百计地寻找，终于找到了这位恩人，为的就是感恩。两姊妹跪拜在地上向恩人感恩的时候，她们两人和那位恩人以及过路的人们禁不住落下了眼泪。这事让我很难忘怀，两姊妹漫长二十年的行动告诉我，到什么时候都不要忘记对有恩于你的人表示感恩。而感恩的那一瞬间，世界变得是多么的温馨美好。

我永远也不会忘记几年前的一件事情。那天，我在崇文门地铁站等候地铁，一个也就四五岁的小男孩，从站台的另一边跑了过来。因为是冬天，羽绒服把小男孩撑得圆嘟嘟的，像个小皮球滚动过来。他问我到雍和宫坐地铁哪站近，我告诉他就在他的那边。他高兴地又跑了回去，我看见那边他的妈妈在等着他。等了半天，地铁也没有来，我走了，准备上去找个出租车。我已经快走到楼梯最上面的出口处了，听到小男孩在后面"叔叔，叔叔"地叫我。我不知道他要干什么，便站在那里等他，看着他一脑门子热汗珠儿地跑到我的面前，我问他有事吗，他气喘吁吁地说："我刚才忘了跟您说声谢谢了。妈妈问我说谢谢了吗，我说忘了，妈妈让我追你。"我永远不会忘记那个孩子和那位母亲，他们让我永远不要忘记学会感恩，对世界上不管什么人给予自己的哪怕是再微不足道的帮助和关怀，也不要忘记了感恩。

年　灯

去年的大年夜，我家后面老爷子家的那盏年灯，在他家封闭阳台的落地窗前，照往年一样，又亮了起来。

老爷子是位老北京，讲究老理儿。过年的时候，家里如有亲人还没有赶回来，要点亮这样一盏年灯，等候亲人的归来。什么时候亲人回来了，这盏年灯才可以熄灭。如果亲人一直都没有回家过年，这盏年灯每晚都要点亮，一直要等到正月十五，也就是年完全过后，才可以将灯取下。

老爷子家这盏年灯，好几年过年的时候，都在点亮。从我家的后窗一眼就能望见，正对面老爷子家阳台窗前的这盏年灯，就这样一直亮到正月十五满街花灯绽放的时候。如今，满北京城，如老爷子这样坚持守候过年老理儿的人，不多见了。

每年过年期间，望着老爷子家这盏年灯，我都会想起自己年轻的时候，那时候母亲还在世，不管晚上我回家多晚，她老人家都会让家里的灯亮着。每次骑着自行车回家，四周房屋里的灯光都没有了，一片漆黑，老远，老远，一望见家里那盏橘黄色的灯光闪亮着，跳跃着，像跳跃着的一颗小小的心脏，我的心里便会充满温暖，知道母亲还没有睡，还在等着我。母亲去世之后，我晚上回家，再也看不见那盏橘黄色的灯光了，好长一段时间都不适应，心里都会有些伤感。对于我，灯，就是家；灯下，就是母亲。无论你回来有多晚，无论你离家有多远，灯只要在家里亮着，母亲就在家里等着。

因为老爷子的儿子和我的儿子都在美国，一样读完博士，在美国成家、生子、工作，我们有很多共同的话题，比较熟，也比较说得来。我知道，前些年，老爷子和老伴还常常去美国，看他的儿子，帮助带带孙子。如今，孙子都上中学了，老爷子真的老了。他不止一次对我说，快八十了，十几个小时的飞机坐不了喽，前列腺不争气，总得上厕所。便盼望儿子能够带着媳妇和孙子回来过一回春节。盼了好几年，不是儿子和儿媳妇工作忙，就是孙子春节期间正上学请不了假，都没有能够回来。每年春节，老爷子家阳台的窗前，都亮起了年灯。

今年老爷子家的这盏年灯，变了花样。以往，都只是一盏普通的吊灯，半圆形乳白色的灯罩，垂挂着一支暖色的节能灯。有时候，为了增添一些过年的气氛，老爷子会在灯罩上蒙上一层红纸或红纱。今年，换成了一盏长方形的八角宫灯，下面垂着金黄色的穗子，木制，纱面，上面绘着彩画，因为距离有点儿远，看不清画的是什么，但五颜六色的，显得很漂亮，过年的色彩，一下子浓了。不知道老爷子是从哪儿淘换了这么一个玩意儿。

老爷子家的这盏年灯，就这样又像往年一样，在大年夜里亮了一宿。烟花腾空，缤纷辉映在他家窗前的时候，暂时遮挡了年灯，但当烟花落下之后，年灯又明亮了起来。让我觉得特别像是大海里的浪涛，一浪一浪翻滚过后，只有它像礁石一样立在那里不动。那肖然不动的样子，那执着旺盛的心气，颇有点儿像老爷子。

大年初一过去了，大年初二也过去了……老爷子的年灯，就这么一直亮着。在整个小区里，不知道还有没有什么人，会注意到有这样一盏年灯；在偌大的北京城，不知道还有没有什么人，能守着这么一份过年的老理儿，点亮这样一盏守候着亲人回家过年的年灯。

一天半夜里，我起夜，在厕所的后窗前瞥见那盏年灯，无月无星只有重重雾霾的夜色里，它比一颗星星还亮，亮得如同一个旷世久远的童话，心里不禁有些感慨，既为老爷子，也为老爷子的儿子，同时，也为自己。

大年初五的早晨，我起床后，从后窗望去，忽然发现，老爷子家阳台落地窗前的那盏年灯没有了。这一天的天气难得格外的晴朗，太阳斜照在他家阳台的落地窗上，明晃晃地反光，直刺我眼睛，我以为眼花了，没有看清。定睛再细看，年灯真的没有了。

正有些奇怪，看见一个男人领着一个十几岁的男孩子，走进阳台，他们都穿着一身运动衣，两人做起了体操来。不用说，老爷子的儿子和孙子回家了。虽然，没有赶上年夜饭，毕竟赶上了今天晚上破五的饺子。离正月十五还有十天，年还没有过完呢。

又要过年了。想起老爷子的那盏年灯。

城市的雪

地球普遍变暖变旱，冬天里的雪已经越来越稀罕。特别是在城里，难得飘落下来一场雪，如同难得见到一位真正清纯可人的美人一样了。

城市的雪，从入冬以来我就一直在期盼中。在我居住的北京，仿佛要和春天里的沙尘暴有意做着强烈的对比，沙尘暴不请自到，而且次数频繁的光临，并不受城市的欢迎，但是，受欢迎的雪却在冬天里总是姗姗来迟，像是一位难产的高龄孕妇。

以往的日子里，最耐不住性子的是渴望下雪天能够堆雪人、打雪仗的孩子；如今，最焦灼不堪的是城边的滑雪场，总也等不来雪，只好先急不可耐地鼓动起人工造雪机，将人造的雪花纷纷扬扬地吹了出来，那只不过是冬天的赝品。

隆冬时分，城市的雪，终于在期盼中飘洒下来，但是，这种随着雪花纷纷飘来的喜悦很快就会消失，不用多久，雪便不再受欢迎，仿佛约会前的憧憬在见面的瞬间便顷刻扫兴地坍塌。雪落在树木上，再不会有玉树琼枝；雪落在房檐上，再不会有晶莹的曲线；雪落在院子里，再不会有绒绒的地毯和小狗跑在上面踩出的花瓣一样的脚印；雪落在马路上，很快被洒满盐的融雪剂覆盖，立刻化成了黑乎乎一摊摊泥泞的雪水。据说，这样化后的雪水，渗进街边的树根，能够让树都枯萎死掉。城市的雪，成了路面花草的敌人。

那种纷纷扬扬，飘飘洒洒，小精灵一样，跳着轻巧细碎的足尖芭蕾的晶莹雪花；那种覆盖上地上，毛茸茸的，嫩草一样，像是从地上长出来的神奇的童话的晶莹雪花，已经是难再见到了。

也很难见到雪人，即使偶尔见到了雪人，也是脏兮兮的。城市污染的空气、汽车的尾气、制热空调机喷出的废气，一起尽情地把雪人的脸和全身涂抹得尘垢遍体，如同衣衫褴褛的弃儿，再没有原先那种洁白可爱。去年冬天，北京下了一场雪，我在街头见到一个雪人，上午刚刚见到时，它还高高大大，插着胡萝卜的鼻子和橘子的眼睛，格外鲜艳夺目，没到中午，它已经脏成一团，附近餐馆倒出的污水，无情地将它浇头灌顶，把它当成了污水桶。那天，我特意到天坛公园转了一圈，偌大的公园里，只看到一个雪人，小得如同一个布娃娃。公园并不能够为它遮挡污染，它一样脏兮兮的，只有头顶上盖着一个肯德基盛炸鸡块的小盒子，权且当一顶帽子，闪烁着带有油渍渍的色彩，像是故意给雪做的一个黑色幽默。

城市的雪，再不是大自然送来的冬天的礼物，而成了并不受欢迎的客人，成了城市污浊的弃儿，成了 pH 试纸一样测试城市污染的显形器。

其实，雪是无辜的，雪到了城市，没有得到娇惯和恩宠，相反被城市带坏了。雪的本色应该是洁白晶莹可爱的，却这样一次次地受到了伤害。

我想起俄罗斯的作家普里什文曾经写过的《星星般的初雪》，他说："雪花仿佛是从星星上飘下来的，它们落在地上，也像星星一般烁亮。"他又说："今天来到莫斯科，一眼发现马路上也有星星一般的初雪，而且那样轻，麻雀落在上面，一会儿又飞起的时候，它的翅膀上便飘下一大堆星星来。"

只是，如今的城市，无论莫斯科还是北京，再不会有这样星星般的雪花了，再也不会有雪中飞起的麻雀翅膀上飘下一大堆星星的景象了。我想起前几年的初春到莫斯科，前一天下的雪刚化，无论红场还是普希金广场，无论加里宁大街还是阿尔巴特小街，都是一样的泥泞一片。黑乎乎的雪水，几乎是雪花在城市卸妆之后唯一的模样，处处雷同，走路都要提起裤腿，小心别踩到上面。

三十多年前，在北大荒，我倒是见过一种叫雪雀的鸟，特别爱在冬天下雪的日子里出来，叽叽喳喳地飞起飞落，格外活跃。它们和麻雀一样大小，浑身上下的羽毛和雪花一样的白，大概是长年洁白的雪帮助它们完成的一种变异，环境的力量有时强大得超乎想象。心里暗想，今天这种雪雀要是飞进城市，也得随雪花一起再变异回去，羽毛重新变成褐色，甚至变成乌鸦一样的黑色。

雪花的洁白，不在冬天里，只能在梦里、童话里和普里什文文字带给我们的想象里。

重回土城公园

门口变得很窄，为防止自行车进入，曲形铁栏杆的入口只能容一个人进出。迎面原来是一片地柏，已经没有了，右手一侧的土高坡还在，那就是元大都的城墙，土城因此得名。三十二年前，我家住在土城旁边，走路两分钟就到。这一道土城如蛇自东向西逶迤而来，上面只有稀疏零落的树木和荆棘，风一刮，暴土扬尘，名副其实的土城。四围正在修路，土城公园也在绿化布局。那时候，我的孩子才四岁多一点，土城公园成了他的乐园，几乎天天到那里疯玩。一直到他读小学四年级，全家搬家，他转学，离开了这片他儿时的乐园。

今年夏天，孩子从美国回来，想去看看他的这片儿时的乐园。他自己的孩子都到了当年他自己最初见到土城公园的年龄，直让人感慨流年暗换之中人生的轮回。

我陪孩子重回土城公园，正是合欢花盛开的时节。记得那时候进得公园穿过土城，下坡处的一片空地上，便栽有好几株合欢，这是土城公园留给我最深的记忆。合欢盛开的夏天，我曾经指着开满一片绯红云彩的合欢树，对刚刚读小学的孩子说："这树的叶子像含羞草，到了晚上就闭合，第二天白天自己又会张开。"孩子眨眨眼睛，不信，晚上一个人从家里悄悄跑来，看到满树那两片穗状的叶子果真闭合了，兴奋异常，像发现了新大陆。

从四岁多到十一岁读四年级时转学，孩子不到土城公园已经二十六年。我也二十六年未到土城公园了。对于孩子，成长的背景中，土城公园是浓墨重彩的一笔；对于我，因对于孩子曾经的重要性而连带成为我人生之书一页色彩浓郁的插图。

有时候，大人其实是很难理解孩子的心。对于事物的好与坏、高级与低级、好玩与不好玩、平常与不平常、丰富与简陋……孩子的价值标准和家长的并不一样。孩子大学毕业离开北京到美国读书后，我曾经翻看他留下的日记和作文，那里有许多地方不厌其烦地记述着、诉说着、倾吐着、回忆着、留恋着土城公园那一片他童年的天地，令我格外惊讶，没有想到家楼后面这座普通的土城公园，对于一个小孩子的成长，居然作用如此巨大。对于一个独生子女，土城公园，不仅成为陪伴他玩耍的伙伴，也成为伴随他成长的一位长者或老师，甚至像童话里的魔术师，可以点石成金，瞬间怒放成能装满衣袋的满天星斗。

"小时候，我家楼后便是元大都遗址，虽也算是文化古迹，其实没什么可以游览的，只有一座不高的山坡和树木了。但那里昆虫特别多，也就成了我的乐园。童年像梦一样，我的童年是这大自然中和小动物和昆虫一起度过的。夏天，是我最快乐的时候。因为昆虫在这时候特别多。

雨前捉蜻蜓、午后粘知了、趴在草丛里逮蚂蚱、找来桑叶喂蚕宝宝……最有趣要算是捉瓢虫了。我钻进铁栏杆，就来到元大都遗址的后山，树荫下是一片小草，草尖是青的，草根是绿的，草中夹杂着蒲公英，黄色的小花像米罗随意撒了几点黄。远远地，就能看见在那绿和黄中间零星的几点红，走近了，这就是瓢虫，像玩魔术一样和我捉迷藏。蹲下身，睁开眼，啊，就在身边的花上、草上呢！

瓢虫的壳大多是红色的，但壳上的星的多少却不同，有一星、二星、七星、二十八星的，星数决定了它们的种类。小时候，富于正义感，这片草地就是我伸张正义的舞台。小心地把瓢虫从草叶上和花中挑出来，仔细地数它们背上的星。小孩的心总是更善良，生怕害了好人，如果是二十八星的，我就攥起小拳头狠狠地说：'让你吃小草！'心里轻松极了，像做了一件大好事，大快我心。有一次错害了七星的，心里真实难过了好几日，发誓下次要再认真数星星。如果是七星的，我就一只只捉来，攒到一大把，张开手向天空一扔，就像放了星星，放飞了一颗颗红色太阳。天便红了，脸也红了，我便醉了，醉在漫天飞舞的瓢虫之中了……"

这是孩子初三时的日记。说实话，看完之后，我很感动。只有孩子才会有这种感情。我们大人还能有这种心境吗？我会精心去数二十八星的瓢虫然后把它们就地处置吗？我能放飞那一只只七星瓢虫而感觉出是在放飞一颗颗红太阳吗？在孩子童年那些岁月里，我和孩子其实是一样天天也从那片土城公园走过，我却从未看见过一只瓢虫，自然也就看不见漫天飞舞的红太阳的童话世界了。

"小时候，家里没什么玩具，更没什么游戏机。和我相伴最多的也是我最爱的就是楼后元大都土坡上的树、草和树间、草间的小生命了。或许，小孩都是爱小动物的，望着、捉着那些小生命，总让我想起普里什文和列那尔写过的树林和动物的文字，幻想着身边的这个废弃的小土坡会不会变成文中写的那种样子呢？晚上会不会也'没来由地飘下几片雪花，像是从星星上飘下来的，落在地上，被电灯一照，也像星星一般闪亮'？晚上十点左右，会不会'所有的白睡莲也会个个争炫斗巧，河上的舞会就开始了'呢？……那里不高的山坡，山上那一片浓郁的树林和山下几丛常绿的地柏，以及藏在草丛里那些小生命，就是我童年全部美好的回忆了。它影响我整个的审美情趣和对人生理想的探求方向。我认为我童年美好的一切都在那一片不大的公园、一座不高的山上山下了。"

　　这两段日记，给我留下很深的印象，在去土城公园的路上，再一次想起。我和孩子一路都没有说话，不知道他的心里是否也想起了他自己写过的话。只看见他带着他的孩子跑进公园，先爬上了土城墙，像风一样，从这头一直跑到了那头，然后，从那头走下来。公园里的树木都长高了，长密了，浓荫匝地，将燥热的阳光都挡在外面，偶尔从树叶缝隙洒下来几缕阳光，也变成绿色，如水轻轻荡漾，显得格外轻柔凉爽。远远的，看着他领着孩子，从浓密的树荫下一步三跳地向我走过来的情景，仿佛走来的是我领着读小学的他。人生场景的似曾相识，在重游故地时会格外凸显，仿佛真的可以是昔日重现，却已经是人事有代谢，往来成古今。不过，土城公园，确实对于孩子不可取代，起到了家里父母和学校老师起不到的作用。是它让孩子能够学会听得懂小虫子的语言，看得懂花的舞蹈，嗅得到树木的呼吸，和七星瓢虫对话，幻想着树林中童话和河上的舞会……

　　可惜，孩子没有找到他童年最心爱的七星瓢虫，他带着他的孩子在他童年曾经非常熟悉的草丛中仔细寻找了好多遍，都没有找到。

　　我也没有看到一株合欢树。公园入门后下坡处那一片空地上，没有了。我沿着公园找了一圈，没有找到。

四块玉和三转桥

四块玉，是元曲曲牌中的一个名字，也是北京胡同的一个名字。作为一条老胡同，这个名字在明朝就存在。当初，为这条胡同起名字的时候，是不是想起了元曲曲牌"四块玉"这个名字，只能是一种揣测和联想了。

我对四块玉这条胡同一直充满感情。二十世纪九十年代，我的儿子上小学四年级。他在光明小学读书，放学回家，抄近道，就是走西四块玉胡同。那时候，他刚刚学会骑自行车，骑得正来劲儿，特别愿意在这样弯弯曲曲的胡同里骑车，"游龙戏凤"般显示自己的车技。一天下午放学，在西四块玉胡同一个拐弯儿的地方，他看见前面走着一位老太太，他的车已经刹不住了，一下子撞上了老太太。老太太倒没有被撞倒，老太太手里提着的一个篮子，被撞倒在地上，篮子里装满刚刚买来的鸡蛋，被撞碎了好几个。

孩子下了车，知道自己闯下了祸，心里有些害怕，除了一个劲儿地道歉，不知如何是好。老太太一看，是个孩子，把篮子拾起来，没有责怪他，只是对他笑笑，嘱咐他骑车要小心，就挥挥手让他走了。

那一年，孩子十一岁。这位老奶奶对他印象和影响至深，让他明白对他人需要善意和宽容。以后，每一次走进四块玉胡同，他都会忍不住想起这位老奶奶，而且，不止一次地对我说起这位老奶奶。

三转桥，也是北京的一条老胡同的名字，没有四块玉好听。相传它有一座汉白玉的转角小桥的,但和四块玉无玉一样,它并没有桥。桥和玉,都只是它们的幻想。

三转桥离我读的汇文中学不远。读高三那一年。那时候,我才学会骑自行车,比儿子晚了八年。有一天中午,我借同学的自行车骑车回家吃午饭。回学校穿过三转桥的时候,撞上一个小孩,把小孩撞倒在地。我赶紧下车,扶他起来,倒是没有撞伤,但是,孩子的裤子被车刮开了一个大口子,孩子一下子就哭了起来。我忙哄他,问他家住在哪儿,就在附近不远,我把孩子送回家。一路走,心里沉重得像压着块大石头,毕竟把人家孩子撞倒了,把人家孩子的裤子撞破了。家里,只有孩子年轻的妈妈在,我向她说明情况,一再道歉,听凭发落。她看看孩子,对我说:"没事,快上你的学去吧,待会儿我用缝纫机把裤子轧轧就好了!"她说得那么轻巧,一下子就把我心里压着的那块石头搬走了。

我和儿子的成长道路上竟然有着这样多的相似。或许,是我们遇到的好人实在太多,让我和儿子都相信这个世界上尽管沙多金子少,但好人还是多于坏人的,善良多于邪恶的,宽容多于刻薄的。

我常想,如果当初那位年轻的母亲,不是说了那样轻松的话,就把我放走,而是非要让我赔她孩子的裤子的话,会是一种什么样的结果呢?同样,如果当初那位老奶奶,非要他送她到医院,再找上家长赔一笔钱,或是让他赔鸡蛋,又会是一种什么样的结果呢?

对于一个孩子,对这个世界和这个世界上的人与事的认知和理解,也许就会是大不一样了。这个世界上,存在着恶,也存在着善;人和人之间,存在着怀疑,也存在着信任。普通人应该是本能的善多一些,信任多一些,而如今很多普通人身上的善和信任,却被恶和怀疑挤压如茯苓夹饼里的馅。或许对于我们大人,一切都已经见多不怪，对于一个孩子，这样的凡人小事，却常常是他们进入这个世界的通道，从而见识到人生，以为世界和人生就是这样子的。他遇到的这位老奶奶和我遇到的那位年轻的妈妈，让这个世界充满爱，不再仅仅是一句唱得响亮的歌词，而是如一粒种子，种在了我们的心头。对于我，时间已经是四十九年过去了；对于孩子，时间已经是二十五年过去了，这位老奶奶和这位年轻的妈妈，一直没有让我们忘记。这粒种子发芽生根长叶，至今仍在我们的心中郁郁葱葱。

四块玉和三转桥，像古诗里的美丽的对仗。

五角粽

　　奶奶这几年身体大不如以前，每年端午节的粽子，不再亲自动手包了，都是孩子们到外面买些五芳斋的粽子吃。"奶奶包的粽子，可比五芳斋的要好吃得多了。不仅是里面的糯米和五花肉好吃，就是外表的五个尖尖的角翘翘的，也好看。"儿子吃完了五芳斋的粽子，常常这样对奶奶说。

　　去年端午节前，奶奶忽然兴起，让儿子按照她的要求，买来江米、五花肉和粽叶，要亮亮手艺了。儿子明白奶奶的心思，老人是特意包给唯一的孙子吃的。孙子去年暑假去美国留学，读研究生。一年没有回家了，奶奶想孙子，平常不说，做孙子的心里明镜似的清楚。而且，以往孙子最喜欢吃奶奶包的肉粽。

　　儿子买回来东西，摊在奶奶的门前，笑着说："您给您孙子包好了粽子，得等一个来月呢。"奶奶笑眯眯说："包好了，冻在冰箱里，等孙子回来吃，照样新鲜好吃。"您这是想孙子心切呢！儿子心里说，没有把话说出来，只是看着奶奶把五花肉煨好，把江米泡好，把粽叶一叶叶挑好，用剪刀沿尖剪齐，也泡在清水里，红的红，白的白，绿得绿，还没包，光看颜色就那样好看。

　　奶奶要等待端午节的头一天晚上，才会上手包粽子。这是老人多年的老规矩，说是时令的食品就得讲究时令，这时候包的粽子米才糯，肉才香，粽子才有粽子味儿。以前，奶奶在包粽子前念叨这套经时，儿子总笑，只有孙子支持奶奶，说老规矩就是民俗，能够成为民俗的东西，就得信。

去年的端午节前夕，奶奶一个人坐在灯下包粽子，不让人插手。儿子看得出来，奶奶很享受包粽子的这个过程，像一个戏迷自己在静静的角落里神情专注地唱念做打，一丝不苟，自得其乐。而且，她是把对孙子的感情和思念，一起包进了粽子里面。只是，奶奶的身体真的不如以前了，她的动作显得迟缓多了。一盆粽子包好了，她从那一盆粽子里挑了四个粽子，放进冰箱里。奶奶说，多了也吃不了，四个，图个四平八稳！儿子看明白了，那四个五角粽，个头儿一般齐，是包得最漂亮的，那是奶奶的杰作呢。

盼了一年的孙子回来了，从美国给奶奶带来了好多礼物，其中包括奶奶最爱吃的黑巧克力。儿子在一旁说，奶奶没白疼你。奶奶一宿没睡好觉，第二天早早就起来了，从冰箱里拿出那四个五角粽，解完冻之后，坐上一锅水，把粽子熥在锅里的笼屉上，等孙子一醒就端上桌，作为迎接孙子的第一顿早餐。

孙子一觉睡到快中午才醒，别人都上班去了，家里只有奶奶。奶奶端来粽子，孙子笑着说："起晚了，起晚了，我和同学都约好了，要迟到了，奶奶，我得先走了。"奶奶端着粽子，望着孙子风风火火的背影大声说："是你爱吃的粽子，你就回来吃吧，别忘了。"孙子大声回答："行，您放在那儿吧，我回来吃。"

都是大学里同学，一年没有见面了，聚会一直闹腾到半夜，孙子回到家里，累得倒头就睡，早把奶奶的粽子忘在脑后。问题是，这一天晚上忘了情有可原，却几乎是天天孙子有聚会，不是大学同学，就是中学同学，还有从美国一起回来的研究生同学从外地到北京来玩。孙子几乎是脚不沾地，风吹着的云彩一样没有停下来的时候。

一直到暑假结束，孙子回美国读书去，那四个五角粽还放在冰箱里。儿子发现粽子已经有些变馊，悄悄拿出来扔进了垃圾箱。

今年的端午节又要到了。奶奶却已经病逝了。

独草莓

　　姐姐家在呼和浩特，她住一楼，房前有块空地，种着一株香椿树、一株杏树和一株苹果树。退休之后，姐姐把这块空地开辟成了菜园，翻土，播种，浇水，施肥……每天乐此不疲。姐姐一辈子在铁路局工作，年年的劳动模范，局里新盖了高层楼，分她新房，面积多出三十多平方米。她不去，舍不得她的这片菜园。孩子们都说她："如今，一平方米房子值多少钱？你那破菜园能值几个钱？"却谁也拗不过她，只好随了她。

　　我已经好多年没有见到姐姐了。今年，是姐姐的八十大寿，说什么也要去看看姐姐。想想六十三年前，1952年，姐姐十七岁，就只身一人来到内蒙古，修新建的京包线铁路。那时候，我才五岁，弟弟两岁，母亲突然逝去，姐姐是为了帮助父亲扛起家庭的担子，才选择来到了塞外。姐姐每月往家里寄三十元钱，一直寄到我二十一岁到北大荒插队。那时候，姐姐每月的工资才有几十元钱呀。姐姐说起来当年她要来内蒙古前离开家时，我和弟弟舍不得她走，抱着她的大腿哭的情景，仿佛岁月没有流逝，一切都恍若目前。

　　来到姐姐家，我先去看了姐姐的菜园。菜园不大，却是她的"天堂"，那里种着她的宝贝。特别是姐夫前几年病逝之后，那里更是她打发时光消除寂寞的好场所。菜园被姐姐收拾得井井有条。丝瓜、扁豆长满架，倭瓜满地爬，小葱棵棵似剑，韭菜根根如阵，西红柿、黄瓜和青椒，在架子上红的红，青的青，弯的弯，尖的尖……忍不住想起中学里学过吴伯箫的课文《菜园小记》里说的，真的是姹紫嫣红。这么多的菜，吃不完，送给邻居，成了姐姐最开心的事情。

菜园旁，立着一个大水缸，每天洗米洗菜的水，姐姐从厨房里一桶一桶拎出来，穿过客厅和阳台，走进菜园，把水倒进水缸，备用浇菜。节省一辈子的姐姐，常被孩子们嘲笑，而且，劝她说现在菜好买，什么菜都有，就别整天忙乎这个了，好好养老不好吗？姐姐会说："劳动一辈子了，不干点儿活儿难受。"想想，在风沙弥漫的京包铁路线上餐风饮露，这是她念了一辈子的经文，笃信难舍。再想想，人老了，其实不是享清闲，而是怕闲着。能有点儿事干，而且，这事干着又是快乐的，便是养老的最好境界了。姐姐种的那些菜，便有她自己的心情浸透，有她往事的回忆，是孩子都上班上学去之后孤独时的伙伴，她可以一边侍弄着它们，一边和它们说说话。

夸她的菜园，就像夸她的孩子一样让她高兴。我对她的菜园赞不绝口。姐姐指着菜园前面绿葱葱的植物，我没认出是什么。她对我说："这里原来种的是生菜和小水萝卜，今年闹虫子，就把它们都给拔了，改种了草莓。不知怎么闹的，也可能是我不会种这玩意儿，你看，一春天都过去了，只结了一颗草莓。"

我跟着她走过去，伏下身子仔细看，才看见偌大的草莓丛中，果然只有一颗草莓，个头儿不大，颜色却很红，小小的红宝石一样，孤独地藏在叶子下面，害羞似的怕人看见。

"孩子们看着它好玩，都想摘了吃，我没让摘。"姐姐说。我问她，干吗不摘，时间久了，回头再烂了，多可惜。姐姐笑着说，她心里盼望着有这么一个伴儿在这儿等着，兴许还能再结几颗草莓！

相见时难别亦难，和姐姐分别的日子到了，离开呼和浩特回北京的前一天的晚上，姐姐蒸的米饭，我炒的香椿鸡蛋，做的西红柿汤，菜都来自姐姐的菜园。晚饭后，姐姐出屋去了一趟菜园，然后又去了一趟厨房，背着手，笑眯眯地走到我的面前，像变戏法一样，还没等我猜，就伸出手张开来让我看，原来是那颗草莓。"你尝尝，看味儿怎么样？"姐姐对我说。

我接过草莓，小小的，鲜红鲜红的，还沾着刚刚冲洗过的水珠儿，真不忍心下嘴吃。姐姐催促着，"快尝尝！"我尝了一口，真甜，更难得的是，有一股在市场买的和采摘园里摘的少有的草莓味儿。这是一种久违的味儿。

回力牌球鞋

坦率地说，我父亲在世的时候，比较"抠门"。其实，是我们那时年龄小，吃凉不管酸，不知道家里生活拮据。父亲的工资每到月底总会捉襟见肘，我和弟弟从他那里要到钱是很难的。他总会有很多理由等着我们。比如说，过春节的时候，弟弟要买鞭炮，父亲会说："你买鞭炮，自己拿着香去点鞭炮，手哆哆嗦嗦的还害怕，你放炮，别人在一旁听响，所以，傻小子才买鞭炮放。"他有他花钱的逻辑和说辞，我和弟弟常在背后说他是要饭的打官司，没得吃，总有的说。

我弟弟不怎么爱学习，就爱踢足球，父亲开始还说说他，后来说疲沓了，觉得说也没有用，便由着弟弟的性子踢他的球。有一次，弟弟在学校里踢球，把球从窗户踢进教室里，班主任老师请家长。父亲要上班，让我代替他去学校。我从学校回来把老师对弟弟的批评告诉了父亲。我以为父亲会接着数落弟弟一番，谁想到，他把弟弟叫过来，对弟弟说："你要是真把球踢好了，也是本事。同样靠一张嘴，陆春龄吹笛子，侯宝林说相声，都是本事。同样踢球，年维泗、张宏根踢得好，也是本事！你得练本事，不能就会把球往教室里踢！"

父亲的这一番话，让弟弟踢球更来劲了。弟弟上初一那年，我读高一。我们大院里有一个我的同学，新买来一双回力牌球鞋，把我弟弟馋得够呛。那个年月，回力牌球鞋，是很高级的鞋，就像现在的耐克鞋一样呢。回力牌球鞋是高帮的，天蓝色的海绵鞋底，弹性十足，如果踩在泥土地上，会印上鞋底的"回力"两个字样，花开一般，在人眼前一亮，很让人羡慕。

弟弟开始磨父亲给他买一双回力牌的球鞋。父亲没有搭理弟弟。我知道，父亲是不会答应的，那时我们上体育课顶多穿一双白力士鞋，一双回力牌球鞋的价钱，比一双普通的力士鞋贵好多。父亲怎么会舍得掏那么多钱呢？那时，父亲每月只给我三元钱，买公共汽车月票，就要两元，我兜里便只剩下可怜巴巴的一元钱了，要看电影、买书，或者买根冰棍，全都得靠这一元钱了。

没有想到，父亲咬咬牙，还是给弟弟买了一双回力牌球鞋。这对父亲来说，是不容易的，甚至可以说是破天荒的。弟弟从王府井北口八面槽的力生体育用品商店买回一双白色高帮回力牌的球鞋，像得了宝，穿在脚上，到处显摆，还特意踩在泥土地上，让鞋底上"回力"那两个字，清晰地印在地上，自我欣赏，也让大家看看。

其实，父亲是不懂行，这种高帮的回力牌球鞋，打篮球合适，踢足球并不合适。我把这番话对父亲说了，埋怨父亲偏向弟弟，多花这么多的钱。但是，父亲对弟弟说，给你买了这双鞋，是要你好好练习踢足球，不管学什么，既然学，就一定把它学好，学出本事！然后，父亲把我拉到一旁，对我说："什么虫就让他爬什么树。既然他喜欢踢球，就让他好好踢球吧，兴许也能踢出点儿名堂。"

一直到很久之后，我和弟弟才知道，父亲是卖掉了他英格纳牌的老怀表，才有了富余的钱，给弟弟买了这双回力牌球鞋。这块老怀表，是父亲唯一值点钱的东西了，从年轻的时候就跟着他，一直跟到我们的青春期。

初二的时候，弟弟没有辜负父亲，终于参加了先农坛业余体校的少年足球队。弟弟从业余体校回来，很兴奋地对父亲说，教练说了，他们练得好的，初中毕业就可以直接升入北京青年二队。父亲听了很高兴，觉得这双回力牌球鞋没白买！

在我兄弟俩的中学时代，这双回力牌球鞋，可以说是奢侈品。鞋早就千疮百孔，用胶皮粘粘，接着穿，一直到中学毕业，弟弟也没舍得丢掉。而我一直都没有得到父亲的恩惠，也能穿上这样的一双回力牌球鞋美一美。

金妈妈杏

杏树，在我国是个古老的树种，起码在孔子时代就已经很旺盛，孔子讲学的地方叫作杏坛，四围就种满了杏树，可见是和古柏一样神圣的树。非常奇怪的是，如今北京的孔庙里尽是柏树，没有了一株杏树。

小楼一夜听春雨，深巷明朝卖杏花。说明宋时陆游客居京城的时候，城里或城边还是有杏树的。可如今北京城里大街小巷也难找到一株杏树，杏树都被"赶"到了北京城外的山上。如果往北走，过了平谷和顺义，到了怀柔和密云，才能够见到山上一片片的杏林。

我不知道杏树的沦落起于何时，也不知道杏在众多水果中的地位是否也同样在坠落。和苹果、葡萄、香蕉、梨这样的大众水果相比，杏可卖的时间极短。因为难以保存，很容易烂，一个杏烂，很快就会烂掉一筐。卖水果的，一般都不愿意卖杏。在北京，一年四季，什么水果都可以买到，真正属于时令水果的，就只剩下了杏。杏黄麦熟时节，水果摊上，卖杏只会卖那么短短的半个来月，香白杏卖过，黄杏一上市，基本就到了尾声。而且，卖的都是尖顶上带青的杏，为的是多保存几天。可是，和苹果梨不一样，杏必须得是树熟才好吃，放熟的，就是两个味儿了。

很多年以前，我到兰州，赶上杏熟时节，满街好多卖杏的，有一处在纸牌子上写着"金妈妈杏"。我见少识短，第一次见到这个名字，杏里面还有这样人情味浓的品种，不觉好奇，便买了他家的杏。卖主儿一边给我称杏，一边说："算是你有眼光，这是我们甘肃的名产，敢说是全中国最好吃的杏！不信你就尝尝吧！"

那杏金黄金黄的，有的一面带有一丝丝隐隐的金红，颜色油亮，像抹了一层釉。而且，个头儿很大，我从来没有见过这么大的杏，一斤才有十来个。关键是确实好吃，绵沙沙的，甜丝丝的，还有一股难以言传的清香。那香不像花香那样轻浮或过于浓郁，而像是经过沉淀之后慢慢浸透进你的心里。

卖杏的看着我美美地吃了第一个杏后，说："没骗你吧？"

我问他为什么叫金妈妈杏，他答不上来，说："反正我们这里都这么叫！妈妈呗，还有比妈妈更亲更好的吗？杏和人是一个样的！"

我自幼喜欢吃杏，每年杏上市那短短的几天，都不会放过它。那时候，杏很便宜，几分钱就能买一斤。比起枇杷、荔枝这样富贵的水果，杏属于贫民的水果，连带着我童年的记忆。可以说，除了到北大荒那六年，我年年都没有和杏失约。只是最近这几年到美国去看望孩子，时间都安排在春天和夏天，没能吃得上杏。美国自己没有什么杏树，超市里很少见到杏，即便有，卖得很贵，而且味道远不如金妈妈杏。那几年，每每到杏黄麦熟时节，我都非常想念北京的香白杏和大黄杏。当然，还有金妈妈杏。

今年，杏黄麦熟时节，孩子从美国回北京，没有错过吃杏。由于我喜欢吃，连带着孩子也跟着吃，连连说好吃，比美国的杏好吃！

陪孩子一起到密云的黑龙潭玩，在售票处的门外，正好遇到一位卖杏的老大娘，她蹬着一辆三轮车，车上的两个大柳条筐里装满着杏，那杏个头儿不大，黄澄澄的，在午后热辣辣的阳光下格外明亮，特别是和她那一头白发对比得过于醒目。

　　我对于杏没有免疫力，忍不住走了过去。其实，上午经过怀柔，我刚买过杏。老大娘笑吟吟冲我说："都是刚从树上打下来的，甜着呢！青的也甜着呢！你尝一个！"说着，她掰开一个青杏递在我的手里。我吃了这个青杏，真的很甜，便和她聊起天来。知道自打杏熟之后，她天天骑着三轮车到这里来卖。我问她家种多少棵杏树，她说："那我可没数过，每年这个季节，能打几千斤吧！"我说："这么多杏，怎么不让你家老头儿来卖？都是你自己一个人蹬车来卖？"她一摆手，说："我家老头儿这些年一直在外面打工，哪儿顾得过来。"我说："让你孩子来卖呀！"她又说："眼睛都指望不上，还指望眉毛？孩子考上了大学，结了婚住在城里，现在正忙活他们自己的孩子呢！""每年这几千斤杏，都是您自己一个人蹬着车跑这里卖的？都能卖得出去吗？"她有些欣慰地告诉我："还真的都卖出去了，借着黑龙潭这块地方，来的游人多。我卖得便宜，挣点儿是点儿，给儿子养孩子添点儿力呗！他也不容易！"说着，她拿起一个黄杏让我尝："不买也没事，都是自家的玩意儿！"

　　我尝了，要说甜和香，比不上金妈妈杏，但说味道，比金妈妈杏更让我难忘。那一刻，我想起了金妈妈杏。

贝　壳

　　从玩具的变化可以看到世界的发展真是神速。现在的玩具，已经可以虚拟到电脑上玩了，花样层出不穷，刀光剑影，过关斩将，可谓惊心动魄。不要说我小时候了，那时的玩具有什么呀，记得大院里有钱人家的女孩子抱着一个眼睛能眨动的布娃娃，就足以让我们瞠目结舌，算是奇迹了；而我们男孩子只能蹲在地上撅着屁股玩弹球，或者是拍洋画；滚铁环，抽陀螺，都得爹妈给点儿钱才行。

　　我有了孩子以后，孩子拥有的玩具，已经和我小时候不可同日而语了。记得给儿子买的第一个自己会动的玩具，是一个大象转伞，一头大象拉着一辆小车，车上支着一把伞，只要往大象的身上安上电池，大象就可以拉着车转动，车一转，彩色的伞就会漂亮地打开，这是那时候很新鲜的玩具了。

　　儿子五岁那一年的夏天，他的玩具发生了根本性的变化。那一年的夏天，我去了一趟深圳。那时，深圳的建设刚刚起步，沙头角刚刚开放，在那条当时人头攒动的中英街上，我给孩子买了一辆遥控小汽车。这是当时我家最现代的玩具了。只可惜我家那时地方太小，地又不平，小汽车无法跑得开，我们只好让儿子抱着它到陶然亭公园去玩。小汽车在公园的空地上尽情地奔跑，一直能奔跑到远处的草坪中，像兔子似的钻进草丛中出不来。看着孩子用遥控器控制着汽车左右前后地奔突的样子，才会明白不同的玩具带给孩子的欢乐是多么的不同。小汽车上面的天线在风中颤巍巍像小手一样向他挥舞抖动，让孩子兴奋不已，欢叫声和小汽车的喇叭声此起彼伏。

还是那一年的春节，友谊商店破例可以不用外汇券卖货几天，但是需要有入场券，我们得知消息找到入场券，带着儿子马不停蹄去买玩具。大概是这个遥控小汽车闹的，让孩子对这种现代化的玩意儿越发感兴趣。当然，也是不断变化的玩具，让孩子个个都变得喜新厌旧。从那些平常只卖给洋人的小孩或手持着外汇券准洋人的小孩的众多玩具中，孩子挑选了一种红外线打靶枪，那枪离靶几米远，只要对准靶心，扣动扳机，红外线就可以让面前的靶心中的红灯闪亮，同时鸣响起轻快的声音。

家里有了这样一把枪和一辆车，儿子可以威风凛凛，持着枪，开着车，在房间里横冲直撞，畅通无阻，简直像个西部牛仔了。儿子在那一年成了"暴发户"，玩具一下子多了好几件，而且从电动到遥控到红外线一步几个台阶地飞跃。

如今，儿子已经长大，他自己的孩子都长到他当年玩遥控小汽车和红外线打靶枪一样的年龄了。我对他说起这些玩具，他居然已经都不大记得了。这让我有些奇怪，便问他还记得小时候玩的什么玩具呢？他说让他记忆犹新的玩具，是家里存放的那些贝壳。

这让我更有些惊奇。比起那些电动的、红外线的玩具，贝壳如果也算玩具的话，大概是孩子很简单甚至是最原始的玩具了。这些贝壳不是买的，许多是他自己从海边捡回来的，一些是朋友送给他的。特别是他光着小脚丫，自己从海边捡回来的那些贝壳，让他格外珍惜，家里只要来了客人，他都会拿出来向人显摆。那些贝壳，给他带来很多意想不到的快乐。好长一段时间里，他对照着一本少年百科辞典，一一查出了他的这些"宝贝"的名字，然后把名字写在小纸条上，贴在贝壳上，熟悉得像是自己的朋友，然后，他让妈妈帮助他把其中一些诸如东方鹑螺、唐冠螺、竖琴螺、夜光蝾螺、焦棘螺、虎纹贝等放在盒中，摆放在柜子里，可以天天和它们对视对话，彼此诉说着关于大海和童年许多有趣的事情。

有意思的是，去年，他到法国工作半年，带着他的孩子一起住在那里，放假的时候，他和孩子最喜欢到海边去拾贝壳。爷俩儿在退潮的沙滩上寻找贝壳，孩子有意外发现之后的大呼小叫，大概让他想起了自己的童年。半年之后，他和孩子拾了满满两大瓶贝壳，沉甸甸地带回北京，全部倒在桌子上给我看，然后听他的孩子细数每一粒贝壳是从哪里的海边捡到的，那股子兴奋劲儿，让我想起了儿子的小时候。

时代的发展，日新月异的玩具变化，带给新一代孩子们更多新颖神奇、数字化高科技的惊喜，令他们应接不暇，很容易将过去一代的玩具视为老掉牙乃至不屑一顾。比如，这些贝壳，无论如何也不会比那些电子玩具更对孩子有吸引力。我很高兴，儿子和他的孩子居然都很珍惜这些并不起眼、没有一点科技含量的贝壳。

孩子的玩具，从来都是和孩子的童年联系在一起的。如今孩子的玩具，和孩子的童年互为镜像，从玩具的变迁中能看到孩子童年的变化。只是，我不知道这些变化，哪些为忧，哪些为乐。

萤火虫

想起去年夏天，在美国普林斯顿一个社区里，我和一对来自上海的老夫妇聊天，都是来看望孩子的，便格外聊得来，家长里短，上至天文地理，下至鸡毛蒜皮，聊得兴致浓郁，竟然忘记了时间，从夕阳落山到了繁星满天时分。那时，我们坐在一泓小湖旁边的长椅上，面前是一片开阔的草坪，一直连到湖边。当夜色如雾完全把草坪染成墨色的时候，抬头一看，忽然看见草坪中有光一闪一闪在跳跃，再往远看，到处闪烁着这样一闪一闪的光亮。由于四周幽暗，那一闪一闪的光显得格外明亮，最开始的感觉，它们是上下在跳，高低不一，但跳跃得非常有节奏，仿佛带着音乐一般，让人觉得有种置身童话世界的感觉。

起初，我没有反应过来，那光亮是什么东西，感到非常惊讶，竟然傻乎乎地叫道："这是什么呀？"老夫妇去年就来过这里，早见过这情景，已经屡见不鲜，笑着告诉我："是萤火虫。"我不好意思地对他们说："我都有好几十年没有见过萤火虫了。"他们连声道："是啊，是啊，在我们的城市里，已经见不到萤火虫了。"

想想，真的是久违了，我以前看见的萤火虫，还是童年，住在北京胡同里的大院的时候。算算日子，至少有五十年的光阴了。那时，我住在一个叫粤东会馆的三进三出的大院里，在花草中和墙角处，不仅能见到萤火虫，还能听得见蟋蟀、油葫芦和纺织娘的叫声。夏天的夜晚，满院子里疯跑捉萤火虫，然后把萤火虫放进透明的玻璃小瓶里，制作我们自认为的"手电筒"，再满院子里疯跑，是我们孩子最爱玩的游戏。

如今，在北京，不仅这样的四合院越来越少，就是有这样"硕果仅存"的四合院，孩子们也再见不到萤火虫，玩不成这样的游戏了。如今的城市，有霓虹灯和电子游戏，比萤火虫的闪烁要明亮甚至炫得神奇，但是，那些毕竟是人工的，不是来自大自然的光亮。如今，童话般的心理感觉和视觉冲击，往往来自电脑制作的影像或3D电影。其实，对于孩子，乃至成年人，那种童话般的感觉和感动，更多的应该是来自大自然。越来越高科技现代化的城市，隔膜住了大自然，让我们远离了大自然。

之所以想起了去年和萤火虫重逢的事情，是前两天在报纸上看到一则这样的消息：如今，在网上可以买到萤火虫。每只萤火虫卖三元到四元，一般批量出售是一百只萤火虫为单位的。接到订单之后，商家指派人到野外去捉萤火虫，但大多数是在人工仿生态的环境下人工饲养的。捉到萤火虫后，把它们装进扎了小孔的塑料瓶里，空运过来。这些活体萤火虫用来情侣放飞、婚庆气氛的营造。网上的广告上说："送她可爱的萤火虫，可以营造出非常温馨浪漫的情调。"

心里不禁有些感慨。曾经伴我们儿时游戏的萤火虫，如今被发现了身上具有的商业价值。是什么让它们具有了商业价值？城市赶走了它们，再把它们请回来的时候，它们就摇身一变。这样坐着飞机千里迢迢而来的萤火虫，不再是我们的朋友，而成为了我们花钱买来的商品，放飞的还是以前我们曾经拥有过的童话感觉或浪漫感觉吗？

想起了法国作家儒勒·列那尔写过的一首题为《萤火虫》的散文诗，只有一句话："有什么事情呢？晚上九点钟了，他屋里还点着的灯。"如今，他屋里还能够有为我们点着的灯吗？

西瓜记事

有好长一阵子，西瓜刚刚上市的时候，下班回家的路上，我总要停下自行车，走到路边的西瓜摊或西瓜车旁，帮助瓜贩或瓜农卖西瓜。好像那里有什么特殊的魔力在吸引着我，我就像一个棋迷，看见了棋盘，就忍不住情不自禁地向那里走了过去。

那时，广渠门内白桥那里，常常会停着一辆马车，车上装满西瓜，趁着下班人流密集，卖瓜的瓜农站在车上，吆喝着卖西瓜。我常常会帮他们卖西瓜。卖瓜的瓜农，自然很高兴，来了个不要工钱的帮手，就像现在的志愿者。关键是我挑瓜的手艺不错，总能够从瓜蒂的青枯，瓜皮纹络的深浅，或者轻轻地拍拍瓜，从瓜发出的声音，传递到手心的感觉，来断定瓜的好坏，瓜皮的薄厚，是沙瓤还是脆瓤，是刚摘的新瓜，还是前好几天摘的陈瓜。

开始，卖瓜的主儿含笑不语，买瓜的人满脸狐疑。好像在等待着一场什么好戏，等着意想不到的结局，或等着拾乐儿。

被刀切开的一个个西瓜豁然露出那鲜红的瓜瓤，比什么都有说服力。没过多久，他们对我充满了信任。信任，让人亲近起来，信任也像忽然得了传染病一样，让好多买瓜的人认识了我，在白桥一带，我有了一点儿小名气。他们说，这里有个挑瓜的，手艺不错！每天下班之后的黄昏时分，他们看见我在路边支上自行车，老远就纷纷地招呼我："师傅，帮我挑个瓜！"尤其是碰上个模样俊俏的小媳妇或时尚年轻的姑娘，绽开花一样的笑脸招呼我，心里还是挺受用的，甚至有些隐隐的得意，仿佛遇到了知音，挑起瓜来，格外来情绪。

好在我没有失手过。当场"验明正身"，切开的瓜，红瓤黑籽，水灵灵的，红粉佳人一般，个个不错，惹人怜爱。所有人，包括我自己，在瓜被切开的那一瞬间，眼睛都会一亮。那几个卖瓜的主儿，看着车上渐渐变少的西瓜，眯缝着眼睛笑，乐得其所。那些买瓜的人，在瓜被切开之前，就像考试的学生在揭榜之前一样，有些兴奋，也有些紧张，还有些跃跃欲试的期待。我的眼睛里，不仅是西瓜，余光里有这些人的表情，心里的感觉很爽。

我趴在车前，拍拍这个瓜，再拍拍那个瓜，然后，指着前面那个瓜，对那些老头老太太小媳妇小姑娘说："就要这个瓜！没错，就是它！"面对一列众人，和满满一车的西瓜，那落地有声，那信心满满，那指点江山，甚至有些得意扬扬的劲头，不像皇帝选六宫粉黛，不像将军指挥千军万马，也多少有点儿像引吭高歌一曲，立刻能获得满台掌声和瞩目你的目光。买瓜的高兴，卖瓜的高兴。顺便给自己挑一个西瓜，夹在自行车后架上，驮着夕阳回家，家里人也高兴。那一阵子，下班路上，瓜车前面，夕阳辉映之下，我颇有些成就感。

说起那一阵子，是我从北大荒插队刚回到北京的那几年。我所有挑瓜的手艺，都是在北大荒那里学来的。那时候，我所在的大兴岛二队的最西边，专门开辟了一块荒地做瓜园，种的都是西瓜和香瓜。从西瓜还未完全成熟，到西瓜拉秧耙园，我们从夏天一直能够美美地吃到秋天。那时，瓜园是我们知青的乐园，西瓜和香瓜是我们能吃到的唯一水果。

那时，西瓜刚刚结果，在瓜园里就搭起一个窝棚，每天从白天到夜晚都会派老李头儿看守。他是当地的老农，孤寡一人，伺候瓜地有一手，瓜园被他就像伺候自己的媳妇一样伺候得细致周全，自然每年瓜都结得不错，算是对他的回报。他每天吃住都在那里，为了防备獾和狐狸夜里跑来糟蹋瓜园。老李头儿大概是没有想到，夜袭瓜园的，常常不是獾和狐狸，而是知青。我们常常会趁风高夜黑时分溜进瓜地去偷西瓜。瓜园的田埂边，有一道不宽的水沟，西瓜要水，水沟是老李头挖的，为了瓜园浇水用。我们在瓜园里偷的瓜，就都放进水沟，瓜顺着流出瓜园，我们可以大摇大摆地拿到知青宿舍里尽情地吃。我们自以为老李头儿不知道，其实，他门清儿，只是不揭穿我们的小把戏罢了。事后好多年，我重返北大荒，见到老李头儿，提起旧事，老李头儿对我说："都是北京来的小孩子，一年难得有个瓜吃，就敞开了吃呗！"

赶上老李头儿高兴，他会教我们挑瓜。不过，那时候，我们不怎么听信他的。我们信奉实践出真知，吃得多了，见得多了，瓜的好赖，自然就分得清了。西瓜自然也被我们糟蹋不少。

西瓜成熟的季节，西瓜分不过来。队上分瓜，知青按照班组派人去瓜地挑瓜。去的人每人要挑出一麻袋西瓜，扛回来大家吃。这是个美差，因为扛西瓜回知青宿舍之前，先自己美美地吃得肚子滚圆。有一次，我和一个同学去瓜地挑瓜，先韩信点兵一般从瓜园里摘下半麻袋瓜，然后，一屁股坐在地头吃瓜，用拳头砸开瓜，吃一口不好，扔掉，吃一半扔一半，直到吃得水饱，吃不下去为止。老李头儿看见我们扔了一地的西瓜，气得冲我们喊："有你们这么糟蹋瓜的吗？那瓜长了一春一夏，容易吗？"吓得我们扛着麻袋一溜儿烟跑走。

我的挑瓜手艺，就是这样练出来了。

那时候流行语，叫作"要知道梨子的滋味就要亲口尝一尝"。如果说在北大荒那几年，青春蹉跎殆尽，残存的收获之一，便是挑瓜的手艺了。想想那一阵子下班回家的路上，无所事事又像在干什么有意思的事情，去瓜车前挑瓜的情景，其实，兴奋自得之余，有些好笑，也有些苍凉。我就像一个过气儿的演员，已经没有了青春，没有了演出的舞台，却独自一个人跑到野台子上，亮亮嗓子和身段，过一把唱戏的瘾。

说起那一阵子，真的有些像往事一样遥远。如今，马车早已经不允许进城，白桥那一带早已拆迁变得面目全非。原来前面的女十五中，早改名为广渠门中学，整幢楼从南面移到北面了。世事沧桑中，我也"廉颇老矣"，偶尔在瓜摊前自以为是地挑个瓜，也不灵光，手艺变差了。挑瓜和唱戏一样，也得曲不离口，拳不离手，多年不练，武功尽废。

偶尔，也会想起老李头儿。只是，好几年前，他已经去世。

窗前的花开了

难得的好天气，上午小区的儿童乐园里人不多，我陪小孙子去玩的时候，只有一个老太太带着一个四岁左右的小男孩在玩滑梯。小孩子见小孩子，就跟小狗相见一样，分外来情绪，立刻"摇头摆尾"地凑在一起，即使不讲话，眼神里透露出的信息，都明白彼此心里的意思。在连体的双滑梯上，两个孩子在滑梯上一边一个比赛了起来。每个人手里都拿着一个玩具小汽车，每一次都先把小汽车顺着滑梯滑下去，自己再滑下去追汽车，看谁滑得快，玩得不亦乐乎。

我和老太太在一旁乐得清闲，闲聊起来，知道这是她的外孙子。女儿从河北保定考上北京的一所大学，毕业得早，那时候工作还不像现在那样难找，留在北京民政部工作，女婿从山东来北京读大学，如今在一家大银行工作，赶上单位最后一拨福利分房，在长安街边上分得一处楼房，面积不大，位置绝佳。"没有房子之累的年轻人，就是最有福气的了。"我对老太太说。

老太太同意，不过，又说，好容易安定了好几年，这小孩子一出生，福气就打了折扣。得有人帮忙照顾孩子吧，爷爷奶奶身体不好，来不了北京，她和老伴就来了。房子太小，住不下了，这不才搬到这里来，一图房子宽敞，二图旁边就有个双语幼儿园。是租的房子，每月六千，把长安街的房子也租出去了，每月七千元，两相一去，富余的那点钱，给孩子他爸爸来回开车的油钱了。

　　老太太很健谈，女儿和女婿很会周转。我对老太太夸赞了她的两个孩子，老太太乐了，说："孩子一落生，逼得他们，不周转怎么行？这不，刚搬过来，就赶紧在幼儿园报了名，前几天接到通知，等孩子四岁时可以入园了。"我说："您的孩子够行的了，未雨绸缪，省了您多大的心，现在幼儿园多难进呀！您也可以尽享天伦之乐了！"老太太一摆手，对我说："什么天伦之乐，是天伦之累！"我知道老太太是有些得了便宜卖乖，便笑她："您别不知足了。"她却说："不是我不知足，确实是有乐趣也有烦恼。我和老伴来北京快四年了，保定的房子门一锁，就再也没回去过。天天是我带孩子，老伴做饭，忙得脚不拾闲。当然，孩子也不容易，最头疼的事是孩子六岁就得上小学了，得找一所好小学，可找好小学比找好对象都难。花钱不怕，怕的是得走门子，托关系，可你说我们这两孩子都是从外地来北京的，烧香都找不着庙门。"

　　话题转到这里，一下子沉重了起来。如今的社会就是这样子，孩子一落生，就得为幼儿园、为学校头疼，一家人就像蜘蛛一样，跌进了关系织就的密密的网中，想出都出不来。没孩子，想要孩子；要了孩子，生活的负担和心理的负担都加重。望着在滑梯上下玩得兴高采烈的两个小孩子，一副吃凉不管酸的样子，熟得把彼此的小汽车交换着玩，我的心里忍不住叹了口气，年轻人，活得不容易。想起年轻时读过的屠格涅夫小说《浮士德》里曾经讲过的话，说是人生就是一个苦役，只有把一个个的荆棘都走过去了，最后才能够编织成一个花环。这话说给今天的年轻人正合适。只是等他们把荆棘编织成花环的时候，就和我们一样的老了，而他们的孩子也长大成他们一样的年纪，开始新的轮回。

　　所幸的是，老太太没有我多愁善感，脸上的云彩一会儿就散去了。她对我说："前些天，女儿和女婿终于买到了一套学区房，外孙子上学的问题算是落定了，免去了托人找关系的烦恼。你知道，买学区房有时间的问题，户口才能落上，人家学校才认。这一段时间，可是急死了人！"我赶忙恭喜她："这可是件大事。不过，学区房可是不便宜。"老太太说："可不是，要不这么说，有了小孩子，你身上的皮就得一层一层往下扒。房子八万多一平方米，买的只是一套五十多平方米的老楼房，首付就花了他们全部的积蓄，还得加我们添上的。年轻人的小夹板算是套上了。"我劝她："这就不是您操心的事情了，年轻人为孩子付出是天经地义的。"老太太反问我："那我呢？快四年了，我连自己的家都没回去过，我付出为了谁？"没等我接茬儿，她自言自语道："人老了，为儿孙一辈子当马牛！"

太阳照当头了，天有些热了。两个孩子玩得差不多了，交换回各自的小汽车，跑了过来，嚷嚷喊着要回家了。我和老太太道别，临走时，老太太忽然想起了什么，转身对我说了句："前两天，保定的亲戚来电话，说我们家窗前的花今年开了。快四年了，也没人浇水，居然还开花了。"我对她说："好兆头呢，您的外孙子一到来，您家的好日子在后头呢。"我想，这一定是她心里的潜台词。

机场的拥抱

在南京机场候机回北京，来得很早，时间充裕，坐在候机大厅无所事事，看人来人往。到底是南京，比北京要暖，离立夏还有多日，姑娘们都已经迫不及待地穿上短裙和凉鞋了。坐在我对面的女人，看年纪有三十多了，也像个小姑娘一样，穿着一件齐膝短裙了，在和节气，也和年龄赛跑。

来了一对年老的夫妇，坐在我的身边的空座位上。听他们一口纯正的北京话，就知道是老北京人。他们说话的声音有些大，显然是丈夫的耳朵有些背了，年龄不饶人。但看他们的年龄，其实也就七十上下，并不太大。听他们讲话，是在苏州无锡镇江转了一圈，从南京乘飞机回北京。

忽然，我发现他们的声音变得小了下来。这样小的声音，妻子听得见，丈夫却听不清楚了。但是，妻子依然压低了嗓音在说话，只不过嘴巴尽量贴在了丈夫的耳边。我隐隐约约地听见的话，是"真像""太像了"。他们反复说了几遍，不尽的感叹都在里面了。

声音可以压低，像把皮球压进水底，目光却把心思泄露出来。顺着这对老夫妇的目光，我发现目光如鸟一样，双双都落在对面坐的这个女人的身上。

我才仔细地看了看这个女人，发现她的黑色短裙和天蓝色长袖T恤，还有脚上的一双白色耐克运动鞋，很搭。还有她清汤挂面般的齐耳短发，也与衣服很搭。当然，和她清秀的身材更搭，很像一位运动员。刚才只看到她的短裙，其实，短裙并不适合所有的女人。在她的身上，短裙却画龙点睛，让一双长腿格外秀美。

很像，这个女人很像谁呢？心里便猜，大概是像这对老夫妇的女儿了吧？天底下，能够遇到很相像的一对人的概率，并不高。刚看完电视剧《酷爸俏妈》，都说里面的演员高露长得极像高圆圆。这个女人，一定让这对老夫妇想起了自己的什么亲人。否则，他们不会这样悄悄地议论，声音很低，却有些动情。能够让人动情的，不是自己的亲人，又会是谁呢？

我看见，妻子忽然掩嘴"扑哧"一笑，丈夫跟着也笑了起来。我猜想，笑肯定和对面这个女人有关，只是并没有惊动这个女人，她依然翘着秀美的腿，在看手机，嘴角弯弯的也在笑，但她的笑和这对老夫妇无关，大概是手机上的微信或朋友圈有了什么好玩的段子或信息。

"要不你去跟她说一下？""你去说吧，我一个老头子，怪不好意思的……"我听见老夫妇的对话，看着妻子站起身来，回过头冲着丈夫说了句："什么事都是让我冲锋在前头！"便走到对面的女人的身前，说了句："姑娘，打搅你一下！"那女人放下手机，很礼貌地立刻站起来，问道："阿姨，您有什么事吗？""是这样的，你长得特别像我们的女儿。"说着，妻子打开自己的手机给这个女人看，大概是找到自己的女儿的照片，这个女人禁不住叫了起来："实在是太像了！怎么能这样像呢！"我忍不住看了一眼身边的这位丈夫，一直笑吟吟地望着这女人。

"我们想和你一起照张相，不知道可以不可以？"妻子客气地说。"太可以了！待会儿我还得请您把您女儿的照片发我手机上呢！"

丈夫站了起来，走到这个女人的身边，妻子冲我说道："麻烦你帮我们照张相！"后，就把手机递在我的手中。我没有看到手机上的照片，不知道他们的女儿和他们身边的这个女人到底有多像，但从他们的交谈中知道女儿十多年前去美国留学，毕业后留在美国工作，工作忙，孩子又刚读小学离不开人，已经有五年没有回家了。思念，让身边的这个女人像女儿的指数平添了分值。

照完了相，我把手机递给了妻子的时候，听见丈夫对这个女人说了句："孩子，我能抱你一下吗？"女人伸出双臂紧紧地拥抱住了他。我看见，他的眼角淌出了泪花。我没有想到的是，那一刻，这个女人也流出了眼泪。

超 重

　　那天上午在机场送人，飞往法兰克福、伦敦、罗马和巴黎的航班，密集的雨点似的挤在一起。大概正赶上暑假结束，大学开学在即，到处可以看到推着装有大行李箱的推车的学生们，送行的父母特别多。候机厅里，家庭的气息一下子很浓，像是客厅，相似的面孔不停在眼前晃动。

　　不时有孩子进了里面去办理登机手续，家长只能够站在候机厅里等，儿行千里母担忧，他们都伸长了脖子，把望眼欲穿的心情付与人头攒动的前方。不时便又看见有孩子匆匆地从里面走了出来，给家长一个渴望中的喜悦。不过，我发现，匆匆出来的孩子大多并不是为了和送行的父母再一次告别，也很少见到有依依不舍的场面，那样的场面，似乎只留给了情人之间的拥抱和牵手。

　　站在我身边的是一位面容姣好的中年妇女，凉鞋露出的脚趾涂着鲜艳的颜色，这样风韵犹存的女人，在我们的电视剧里一般还要在男人怀里撒娇呢。现在，她像是只温顺的猫，眼神有些茫然。不一会儿，我看见一个大小伙子推着行李车，气冲冲地向她走来，没好气地对她嚷嚷道："都是你，让我带，带！都超重啦！"只听见她问："超了多少？"语气小心，好像过错都在自己的小媳妇。"十公斤！"只有儿子对母亲才会这样的肆无忌惮。听口音，是南方人。

　　于是，我看见他母亲开始弯腰蹲了下来，把捆箱子的行李带解开，打开箱子。那是一大一小赭黄色的两个名牌箱。儿子也蹲下来，和母亲一起翻箱里面东西，首先翻出的是两袋洗衣粉，儿子气哼哼地嘟囔着："这也带！"然后又翻出一袋糖，儿子又气哼哼地嘟囔一句："这也带！"接着把好几铁盒的茶叶都翻了出来："什么都带！"母亲什么话都没说，看儿子天女散花似的把好多东西都翻了出来，面前像是摆起了地摊。最后，儿子把许多衣服和一个枕头也扔了出来，紧接着下手往箱底伸了，只听见母亲叫了声："被子呀，你也不带了？！"

　　我有些看不过去，走了两步，冲那个一直气哼哼嘴噘得能挂个瓶子的儿子说："十公斤差不多了，你东西都不带，到了那儿怎么办？"儿子不再扔东西了，母亲站了起来，一脸忧郁，本来化得很好的妆，因出汗而显出些许的斑纹。"先去试试再说。"我接着对那个儿子说。他开始收拾箱子，母亲则把茶叶都从铁盒里掏出来，又塞进箱里。儿子推着行李车走了，我问那位母亲孩子去哪里，她告诉我去英国读书。她脚下的那些东西都散落着，稀泥似的摊了一地。

　　这时，我身旁另一则，又有一个女孩推着车走到她的父母身边，几乎和那个男孩一样气哼哼的表情，把车使劲一推，推倒她父亲的脚前，说了句："严重超重！"父亲和刚才这位母亲一样，立刻蹲下身子，替女儿打开行李箱，我一看，箱子里几乎全是吃的东西，而且全是麻辣的食品，不用说，来自四川。左翻翻，右翻翻，父亲权衡着取出什么好，女儿站在那里，用手扇着风，摸着脸上的汗，说着："这都是我想带的呀！"这让父亲为难了，倒是母亲在旁边发话了："把那些腊肠都拿出来吧，那玩意占分量。"父亲拿出了好几袋腊肠，又拿出好几管牙膏、一大罐营养品和几件棉衣，再盖箱子的时候，鼓囊囊的箱子像撒了气的气球似的，瘪了下去一大块。女儿风摆柳枝般推着车走了，我悄悄地问她母亲这是去哪儿，原来是去法国读书。

独生子女的一代，理所当然地觉得可以把一切不满和埋怨都发泄给父母。养儿方知父母恩，他们还没到明白父母心的年龄。他们可以埋怨父母的娇惯和期待超重，却永远不该埋怨父母对自己的情感超重。

遭遇雷雨

从深圳飞北京，应该下午两点四十分降落首都机场。偏偏，这时候，北京上空有雷阵雨。飞机盘旋了几圈之后，告诉大家只好暂时到天津机场降落，一律在机舱待命。

我身后坐的是一对情侣，虽然看不到他们的面容，却能够感觉到他们的柔情蜜意，因为他们一直依偎在我的身后喁喁细语。不知道他们在说什么，但能够听得出来，男的是典型的广东口音，女的则是地道的北京腔。短暂的异乡停留，让他们有了更多缠绵的机会。于是，身后蜜蜂嗡嗡一般响动着的声音，一直如音乐一样甜蜜。

一个小时过去了，飞机还没有起飞。音乐消失了，蜜蜂飞走了，焦躁开始如飞蛾扑来了。"不是说雷阵雨吗？""怎么这么久还不起飞？"他们一唱一和地嚷起来。一脸汗珠的女乘务员跑过来，解释说备降的航班很多，需要听命令。

两个小时过去了。他们彻底失去了耐心，只听见男的向乘务员要求下飞机，他们有急事，必须赶回北京去，不能总坐在飞机里傻等。乘务员不住地安抚他再等一等，快起飞了，现在一律不允许下飞机。而那个女的不停在打手机，由于心急，话音都很响。听得出来对方是她的母亲，她在问："妈妈，你们到饭店了吧？生日的蛋糕订好了吧？送过来的话，你们就先吃吧，不要等我们了，飞机现在还在天津呢，不知道什么时候能够起飞。"对方似乎在叮问："你是不是和他一起回来的？"她说是："是我和他在一起。"说到"他"

这个字的时候，她停顿了一下，我猜，她可能脸有些红了。然后，能够听见话筒里传来很大的声音："那就等你们回来一起吃嘛，让饭店等！"

我已经彻底听明白了，既是母亲的生日，也是未来的女婿第一次登门见面。今天的晚宴，这一对情侣是专门从深圳赶回来的。无论对于他们，还是对于母亲，晚宴都异常重要。突然的雷阵雨，却让他们耽搁在了天津，生活一下子比电视剧还有戏剧性。

又耽搁了一个多小时，男的嚷嚷叫机长："刚才说快起飞了，现在还没有起飞，如果刚才让我们下飞机，我们都到北京了。"他的叫喊赢得很多人的呼应，都被传染了一样，也纷纷要求下飞机。机长没有办法，只好和地面联系，不一会儿，舷梯来了，舱门打开了，摆渡车也开过来了，乘务员满机舱里喊："没有行李托运在天津终止旅行的，现在可以下飞机了。"

我看见了这一对情侣背着简单的拎包匆匆走下去了。一个梳马尾辫漂亮的姑娘，一个戴眼镜帅气的小伙子。他们边走边商量是打车直接回北京，还是打车到天津火车站乘城际动车，谁也说不准哪个更快。

呼啦啦下了一小半人，机舱里显得空旷起来，喧嚣如雷阵雨过后，也平息了下来。

人生中有时候真的是充满了阴差阳错，大概过了没有十分钟，摆渡车也许还没有停靠出站口，机长从驾驶舱里走了出来，招呼乘务员赶快准备好，说飞机可以起飞了。

飞机开始在跑道上滑行，这时候如果能够打开机舱的舱门，也许还来得及能够喊回那一对情侣。可是，很快，飞机已经收起了起落架，轰轰响着仰着脖子离开了地面，飞上天空了。

二十分钟后，飞机降落在首都机场。雨后的北京，清凉而湿润，我还在想那一对情侣，这时候走到哪里了？

面包房

那时，我的孩子小，还没有上小学。晚上，我有时会带着他到长安街玩，顺便去买面包或蛋糕。长安街靠近大北窑路北，有家面包房，不大，做的法式面包和黑森林蛋糕非常的好吃。关键是，一到晚上七点之后，所有的面包和蛋糕，包括苹果派、核桃派，品种很多的甜点，一律打五折出售，价钱便宜了整整一半。当我和孩子发现了这个"秘密"后，这家面包房便为了我们常常光顾之地。

那时，常常只剩下了一个售货员值班，坚守到把面包和蛋糕都卖出去。这是一个年轻姑娘，顶多二十三四岁的样子，有点儿胖，但圆圆脸膛儿，大眼睛，还是挺漂亮的。每次去，几乎都能够碰见她，孩子总要冲她"阿姨、阿姨"叫个不停，说着："我要买这个！我要买那个！"静静的面包房，因为我们的闯入，一下子热闹起来。她站在柜台里，听孩子小鸟闹林一般地叫唤不停，静静望着孩子，目光随着孩子一起在跳跃。

渐渐地，彼此都熟了。我们进门后，她会笑盈盈地对我们说："今天来得巧了，你们爱吃的黑森林还有一个没卖出去，等着你们呢！"或者，她会惋惜地对我们说："黑森林卖没了，这个巧克力慕斯也不错，要不，你们可以尝尝这个绿茶蛋糕，是新品种。"一般，我们都会听从她的建议，总能尝新，味道确实很不错。花一半的钱，买双倍的蛋糕或面包，物超所值，还有这样一个和蔼可亲又年轻漂亮的阿姨，孩子更愿意到那里去。

有时候，我们来得早了点儿，她会用漂亮的兰花指指指墙上的挂钟，对我们说："时间还没到呢！"屋子不大，这时候客人很少，有时根本没有，她就让我们在仅有的一对咖啡座上坐一会儿，严守时间。等到挂钟的时针指向七点的时候，她会冲我们叫一声："时间到了！"孩子会像听到发号令一样，先一步蹿上去，跑到柜台前，指着他早就瞄准好的蛋糕和面包，对她说："要这个！"她总是笑吟吟地看着孩子，听着孩子麻雀一样叽叽喳喳地叫个不停，然后用夹子把蛋糕和面包夹进精美的盒子里，用红丝带系好，在最上面打一个蝴蝶结，递到我们的手里，道声再见后，望着我们走出面包房。有一次，她有些羡慕地对我说："这孩子多可爱呀，有个孩子真好！"

面包房伴孩子度过了童年，在孩子小学三年级的时候，那一年的暑假，我们去面包房几次，都没有见到她。新的售货员一样很热情。买好蛋糕和面包，走出面包房，孩子悄悄地问我："怎么那个阿姨不在了呢？会不会下岗了呀？"那时，他们班上好几个同学的家长下岗，阴影覆盖在同学之间，孩子不无担心。面包房里这个好心漂亮的阿姨，是看着他长大的呀。

下一次来买面包的时候，我问新的售货员原来总值晚班的那个胖乎乎的售货员哪儿去了，怎么好长时间没见了。新售货员告诉我："她呀，生孩子，在家休产假呢！"不是下岗，孩子放心了。那天，多买了一个全麦的面包，里面夹着好多核桃仁，嚼起来，很香。

等我再见到她，大半年过去了，孩子已经升入四年级，一个学期都快要结束了。我对她说："听说你生小孩了，恭喜你呀！"她指着我的孩子说："这才多长时间没见，您看您这孩子长这么高了！什么时候，我那孩子也能长这么大呀！"我开玩笑对她说："你可千万别惦记着孩子长大，孩子真的长大，你就老喽！"她嘿嘿地笑了起来说："那也希望孩子早点儿长大！"

时光如流，一转眼，我的孩子到了高考的时候，功课忙，很少有时间再和我一起去面包房了，偶尔去一趟，仿佛是特意陪我一样。特别是考入大学，交了女朋友之后，晚上要去的地方很多，比如，图书馆、咖啡馆、电影院、旱冰场、大卖场等等，面包房已经如飞快的列车驰过掠在后面的一棵树，属于过去的风景了。只有我常常晚上不由自主地转到长安街，拐进面包房。

这期间，面包房搬了一次家，从东边往西移了一下，不远，也就几百米的样子，门口装潢一新，还有霓虹灯闪耀。里面稍微大了一些，但还是很局促，不变的是，值晚班的还常常是这个胖乎乎的姑娘，不过，我是总这样叫她姑娘，其实，她已经变成了一位中年妇女了。没变的，是蛋糕和面包的味道，还保持的原有的水平，只是价钱悄悄地涨了几次。

有一天，我去面包房，见我又只是一个人，她替我装好蛋糕和面包，问我："您的孩子怎么好长时间没跟您一起来了？"我告诉她，孩子上大学了。她点点头，然后笑着对我说："等再娶了媳妇就忘了爹娘，更不会跟您一起来了呢！"我也跟着一起笑了起来。回家见到孩子后，我把她的话告诉给孩子听，孩子一下子很感动，对我说："您说咱们不过只是到她那里买打折的面包和蛋糕，这么长时间了，她还能记得我，这阿姨真的不错！"我也这样认为，世上人来来往往，多如过江之鲫，莫说是萍水相逢了，就是相交很长时间的老朋友，有的都已经淡忘，如烟散去，何况一个面包房和你毫无关系的姑娘！

星期天，孩子专门陪我一起去了一趟面包房，一进门叫声阿姨，她抬头一望，禁不住说道："都长这么高了！"又说你要的黑森林今天没有了。孩子说没关系，买别的。然后，两个人一个挑蛋糕和面包，一个往盒子里装蛋糕和面包，谁都没再说什么，但他们彼此望着，很熟悉，很亲近，那一瞬间，仿佛一家人。那种感觉，是我来面包房那么多次，从来没有过的。

有时候，我会奇怪地问自己：一个人，一辈子要走的地方很多，去的场所很多，一个小小的面包房，不过是你生活中偶然的邂逅，为什么会让你涌出了这样亲近、亲切又温馨的感觉？其实，哪怕是一棵树，和你相识熟了，也会有这样的感觉的，何况是人，因为熟悉了，又是彼此看着长大，在岁月的年轮里，融入了成长的感情，所买和所卖的面包和蛋糕里便也就融入了感情，比巧克力奶油慕斯或起司的味道更浓郁。

孩子大学毕业就去了美国留学，孩子走后，我很少去面包房。倒不是家里缺少了一只馋嘴的猫，少了去面包房的冲动，更主要的是自己也懒了，老猫一样猫在家里，不愿意走动，其实就是老了的征兆。那天，如果不是老妻要过本命年的生日，我还想不起面包房。生日的前一天，我对老妻说："我去面包房买个蛋糕吧！"才想起来，孩子去美国几年，就已经有几年没有去过面包房了，日子过得这么快，一晃，七年竟然如水而逝。

那天的晚上，北京城难得下起了雪，雪花纷纷扬扬的，把长安街装点得分外妖娆。老远就能看见面包房门前的霓虹灯在雪花中闪闪烁烁眨着眼睛，走近一看，才发现门脸新装修了一番，门东侧的一面墙打开，成了一面宽敞明亮的落地窗。走进去一看，今天难得地热闹，竟然有三个漂亮年轻的女售货员挤在柜台前，蒜瓣一样紧紧地围着一个二十来岁的姑娘，叽叽喳喳地说得正欢。扫了一眼，没有找到我熟悉的那个胖乎乎的售货员。因为去的时间早，还有十来分钟到七点，我坐在一旁，边等边听她们说话。听明白了，这个姑娘和我一样，也是等七点钟买打折蛋糕的。还听明白了，是给她的妈妈买生日蛋糕的。又听明白了，她的妈妈就是面包房里那三位女售货员的同事，她们其中的两位是从面包房后面的车间特意跑出来，聚在一起，正在帮姑娘参谋，让她买蛋糕之后再买几个面包，并对小姑娘说："你妈妈在这里工作了这么多年，都是值晚班卖打折的面包和蛋糕，自己还从来没买过一回呢！你得多买点儿！"

七点钟到了，我走到柜台前，玻璃柜里只有一个黑森林蛋糕，一位售货员对我说："对不起，这个蛋糕已经有主儿了！"她指指身边的姑娘。我说："那当然！"然后，我对姑娘说："你妈妈我认识！"姑娘睁大一双大眼睛，奇怪地问我："您认识我妈？"我肯定地说："当然！"小姑娘更加奇怪地问："您怎么认识的？"我笑着对她说："回家问问你妈妈就知道了！就说一个常常带着一个孩子来这里买蛋糕和面包的叔叔，祝她生日快乐！"她还是有些疑惑，也是，几十年的岁月是一点点流淌成的一条河，怎么可以一下子聚集在一杯水里，让她看得清爽呢？我再次肯定地对她说："你回家和你妈妈一说，你妈妈就会知道的！"

姑娘买好蛋糕和面包，走出面包房，身影消失在风雪之中，我转身问那三个售货员："她的妈妈是不是你们面包房里那个胖乎乎的售货员？"她们都惊讶地点头，问我："您是她以前的老师吧？"我笑而不答。她们告诉我她今年刚刚退休。这回轮到我惊讶了："这么早？她才多大呀！"她们接着说："我们这里五十岁退休。"竟然五十岁了！就像她看着我的孩子长大一样，我看着她的青春在面包房里老去，生命的轮回在我们彼此的身上，面包房就是见证。

大年夜

我家住的小区里，有家理发店，十四年前，我刚住进这个小区，它就存在。十四年来，花开花落，世事如风，变迁很大，它的老板始终是一个人。什么事情，能够坚持十四年恒定不变，都不容易。

因为常去那里理发，我和这位老板很熟，知道每年春节前是他生意最好的时候，他会坚持到大年三十的晚上，一直送走最后一位客人，然后回江西老家过年。他买好了大年夜最后一班的火车票，他说虽然赶不上吃大年夜的团圆饺子，但这一天车票好买，火车上很清静，睡一宿就到家了。

今年年前，因为有些事情耽搁了，我一直到了大年三十的晚上，才去他那里理发。因为去的时间毕竟晚了，进门一看，伙计们都已经下班，店里只剩下他一人，正要拔掉所有的电插头，关好水门和煤气的开关，准备关门走人了。他热情地和我打过招呼，把电插头重新插上，拿过围裙，习惯性地掸了掸理发椅，让我坐下。我有些抱歉地问他会不会耽误他乘火车的时间。他说没关系，理你的头发不费多少时间的。

我知道，理我的头发确实很简单，就是剪一下，洗个头，再吹个风。不到半个小时，就完活儿了。但毕竟有些晚了，还是有些抱歉。迎来送往的客人多了，理发店的老板都是心理学家，一般都能够看出客人的心思。他看出我的心思，开玩笑对我说："怎么我也得送走最后一个客人，这是我们店的服务宗旨。"

就在他刚给我围上围裙的时候，店门被推开了，进来一位三十来岁的女人，急急地问："还能做个头吗？"老板对她说："行，你先坐，等会儿！"那女人边脱大衣边说。"我一路路过好多家理发店都关门了，看见你家还亮着灯，真是谢天谢地。"

等她坐下来，我替老板隐隐地担忧了。因为老板问她的头发怎么做，她说不仅要剪短，要拉直，而且关键是还要焗油，这样一来，没有一个多小时，是完不了活儿的。等她说完这番话时，我看见老板刚刚拿起理发剪的手犹豫了一下。

显然，她也看出来了老板这一瞬间的表情，急忙解释，带有几分夸张，也带有几分求情的意思说："求你了，待会儿，我得跟我男朋友一起去见他妈，是我第一次到他家，而且还是去过年。虽说丑媳妇早晚得见公婆，但你看我这一头乱鸡窝似的头发，跟聊斋里的女鬼似的，别再吓着我婆婆？"

老板和我都被她逗笑了。老板对她说："行啦，别因为你的头发过不好年，再把对象给吹了。"

她大笑道："您还是真说对了，我这么大年纪，找这么个婆家不容易。"

我知道时间对于老板很紧张，赶紧向老板学习，愿意成人之美，便让出了座位，对老板说："你赶紧先给这位美女理吧，我不用见婆家，不急。"她忙推辞说："那怎么好意思！"我对她说："老板待会儿还得赶火车。"她说："那就更不好意思了。"但我抱定了"英雄救美"的念头，把她拉上了座位，然后准备转身告辞了。老板一把拉住我说："没你说的那么急，赶得上火车的。正月不剃头，你今儿不理了，要等一个月呢！"我只好重新坐下，对老板说："那你也先给她理吧，我等等，要是时间不够，就甭管我了。"

　　那女人的感谢，开始从老板转移到我的身上。老板麻利儿地做完她的头发，让她焕然一新。都说人靠衣服马靠鞍，其实人主要靠头发抬色呢，尤其是头发真的能够让女人焕然一新。但是，时间确实很紧张了，老板招呼我坐上理发椅时，我对他说："不行就算，火车可不等人。"老板却胸有成竹地说："没问题，你比她简单多了，一支烟的工夫就得！"

　　果然，一支烟的工夫，发理完了。我没有让他洗头和吹风，帮他拔掉电插头，关好水门和煤气的开关，拿好他的行李，一起匆匆走出店门的时候，看见那位女人正站在门前没几步远的一辆车旁边，挥着手招呼着老板。我和老板走了过去，她对老板说："上车，我送你上火车站。"看老板有些意外，她笑着说："走吧，车候着您呢。"老板不好意思地说："别耽误了你的事。"她还是笑着说："这时候不堵车，一支烟的工夫就到。"

　　车欢快地跑走了。小区里，已经有人心急地燃放起了烟花，绽放在大年夜的夜空，就像突然炸开在我的头顶，挺惊艳的。

喝得很慢的土豆汤

那天下午两点多，我和妻子路过北京大学，因为还没有吃午饭，忽然想起儿子曾经特意带我们去过的一家朝鲜小馆，就在附近，离北京大学的西门不远，一拐弯儿就到，便进了这家朝鲜小馆。

大概由于早过了饭点儿，小馆里没有一个客人，空荡荡的，只有风扇寂寞地呼呼吹着。一个服务员，是个胖乎乎的小姑娘，走了过来，把我们领到靠窗的风扇前坐下，说这里凉快，然后递过菜谱问我们吃点儿什么。我想起上次儿子带我们来，点了一个土豆汤，非常好吃，很浓的汤，却很润滑细腻，微辣中有一种特殊的清香味儿，湿润的艾草似的撩人胃口。不过已经过去了两个多月的时间，我忘记是用鸡块炖的，还是用牛肉炖的，便对妻子嘀咕："你还记得吗？"妻子也忘记了。

儿子在北京大学读书的时候，常常和同学到这家小馆里吃饭。由于是二十四小时营业，价格和朝鲜风味又都特别对他们的口味，非常受他们的欢迎，对这里的菜当然比我们要熟悉。大学毕业，儿子去美国读研，放假回来，和同学聚会，总还要跑到这里，点他们最爱吃的菜。可惜，儿子假期已满，又回美国接着读书去了，天远地远，没法子问他了。

没有想到，小姑娘这时对我们说道："上次你们是不是和你们的儿子一起来的，就坐在里面那个位子？"她说着一口比赵本山还浓郁的东北话，用胖乎乎的小手指了指里面靠墙的位子。

我和妻子都惊住了。她居然记得这样清楚，那时，我们和儿子确实就坐在那里。

我更没有想到的是，她接着用一种很肯定的语气对我们说："那次你们要的是鸡块炖土豆汤。"

这样的肯定，让我心里相信了她，不过，开玩笑地对她说："你就这么肯定？"

她笑了："没错，你们要的就是鸡块炖土豆汤。"

我也笑了："那就要鸡块炖土豆汤。"

她望望我和妻子，像考试成绩不错得到了赞扬似的，高声向后厨报着菜名："鸡块炖土豆汤！"高兴地风摆柳枝般走去。

刚才和小姑娘的对话，让我和妻子在那一瞬间都想起了儿子。思念，变得一下子那么近，近得可触可摸，就在只隔几排座位的那个位子上，走过去，一伸手，就能够抓到。两个多月前，儿子要离开我们回美国读书的时候，特意带我们到这家小馆，让我们尝尝他和他的同学的青春滋味。那一次，他特别向我们推荐了这个鸡块炖土豆汤，他说他和他们同学都特别爱喝，每次来都点这个土豆汤，让我们一定要尝尝。因为儿子临行前的时间安排得很满，我和妻子知道，那一次，也是他和我们的告别宴。所以，那一次的土豆汤，我们喝得格外慢，边聊边喝，临行密密缝一般，彼此嘱咐着，诉说着没完没了的话，一直从中午喝到了黄昏，一锅汤让服务员续了几次汤，又热了几次。许多的味道，浓浓的，都搅拌在那土豆汤里了。

不过，事情已经过去了两个多月，我都忘记了到底喝的什么土豆汤了，这个胖乎乎的小姑娘居然还能够如此清楚地记得我们喝的是鸡块炖土豆汤，而且记得我们坐的具体位置，真让我有些奇怪。小馆二十四小时营业，一直热闹非常，来来往往那么多的客人，点的那么多不同品种的菜和汤，她怎么就能够一下子记住了我们，而且准确无误地判断出那就是我们的儿子，同时记住了我们要的是什么样的土豆汤？这确实让我好奇，百思不解。

汤上来了，鸡块炖土豆汤，浓浓的，热气缭绕，清香扑鼻，抿了一小口，两个多月前的味道和情景立刻又回到了眼前，熟悉而亲切，仿佛儿子就坐在面前。

"是吧，是这个土豆汤吧？"小姑娘望着我，笑着问我。

"是，就是这个汤。"

然后，我问小姑娘："你怎么记得我们当初要的是这个汤？"

她笑笑望望我和妻子，没有说话，转身走去。

那一天下午的土豆汤，我们喝得很慢。

结完账，临走的时候，小姑娘早早地等候在门口，为我们撩起珠子串起的门帘，向我们道了声再见。我心里的谜团没有解开，刚才一边喝着汤一边还在琢磨，小姑娘怎么就能够那么清楚地记得我们和儿子那次到这里来吃饭坐的位置和要的土豆汤？总觉得一定是有原因的。那么，是什么原因呢？是因为那一次我们的土豆汤喝得太慢，麻烦让她来回热了好几次，让她记住了？还是因为来这家小馆的大多是附近年轻的大学生，一下子出现我们这样大年纪的客人，显得格外扎眼？我不大甘心，出门前再一次问她："小姑娘，你是怎么就能记住我们要的是鸡块炖土豆汤的呢？"

她还是那样抿着嘴微微地笑着，没有回答。

我只好夸奖她："你真是好记性！"

一路上，我和妻子都一直嘀咕着这个小姑娘和对于我们有些奇怪的土豆汤。星期天，和儿子通电话时，我对他讲起了这件事，他也非常好奇，一个劲儿直问我："这太有意思了，你没问问她到底是怎么回事吗？"我告诉他："我问了，小姑娘光是笑，不回答我为什么呀。"

被人记住，总是一件让人高兴的事，不过，对于我们一家三口，这确实是一个谜。也许，人生本来就有许多解不开的谜，让生活充满着迷离的想象，让人和人之间有着神奇的交流，让庸常的日子有了温馨的念想和悬念。

又过去了好几个月，树叶都渐渐地黄了，天都渐渐地冷了。那天下午，还是两点多钟，我去中关村办事，那家小馆，那个小姑娘和那锅鸡块炖土豆汤，立刻又从沉睡中苏醒过来似的，闯进我的心头。离着不远，干吗不去那里再喝一喝鸡块炖土豆汤？便一拐弯儿，又进了那家小馆。

因为不是饭点儿，小馆里依然很清静，不过，里面已经有了客人，一男一女正面对面坐着吃饭，蒸腾的热气弥漫在他们的头顶。见我进门，一个小伙子迎上前来，让我坐下，递给我菜谱。我正奇怪，服务员怎么换成了男的，那个小姑娘哪里去了？扭头看见了那一对面对面坐在那里吃饭的人中的那个女的，就是那个胖乎乎的小姑娘，对面坐着的是一个年龄大约四五十岁的男人，看那模样长得和小姑娘很像，不用说，一定是她的父亲。她也看见了我，向我笑笑，算是打了招呼。

我要的还是鸡块炖土豆汤。因为炖汤要有一些时间，我走过去和小姑娘聊天，看见他们父女俩要的也是鸡块炖土豆汤。我笑了，她也笑了，那笑中含有的意思，只有我们两人明白，她的父亲看着有些蹊跷。

我问："这位是你父亲？"

她点点头，有些兴奋地说："刚刚从我老家来。我都和我爸爸好几年没有见了。"

"想你爸爸了！"

她笑了，她的父亲也很憨厚地笑着，望望我，又望望女儿。

难得的父女相见，我能想象得出，一定是女儿跑到北京打工好几年了，终于有了父女见面的机会。我不想打搅他们，走回自己的座位，要了一瓶啤酒，静静地等我的土豆汤。我的心里充满着感动，我忽然明白了，这个小姑娘当初为什么一下子就记住了我们和儿子，记住了我们要的土豆汤。人同此情，情同此理，没有比亲人之间分别的思念和相逢的欢欣，更能够让人感动和难忘的了。亲情，在那一刻流淌着，洇湿了所有的时间和空间的距离。

土豆汤上来了，抬头一看，我没有想到，是小姑娘为我端上来的。我还没有责怪她怎么不陪父亲，她已经看出了我的意思，先对我说："我们店里的人手少，老板让我和我爸爸一起吃饭，已经是很不错了。"和上次她像个扎嘴的葫芦大不一样，小姑娘的话明显多了起来。说罢，她转身走去，走到他父亲的旁边，从袅娜的背影，也能看出她的快乐。

那一个下午，我的土豆汤喝得很慢。我看见，小姑娘和她的爸爸的那一锅土豆汤喝得也很慢。

上一碗米饭的时间

　　入冬后北京最冷的那天晚上，我在一家小饭馆里。家里的人都出了远门，没有饭辙儿，要不我是不会在这么冷的天跑出来到这里吃晚饭。正是饭点儿，小饭馆里顾客盈门，只剩下靠门口的一张桌子空着，虽然只要一开门，冷风就会乘机呼呼而入，别无选择，我只好坐在了那儿。

　　服务员是位模样儿俊俏的小个子姑娘，拿着个小本子，笑吟吟地站在我的面前，一口外地口音问我："您吃点儿什么？"我要了三两茴香馅的饺子和一盆西红柿牛腩锅仔。很快，饺子和锅仔都上了来，热气腾腾地扑面撩人，呼啸寒风，便都挡在了窗外了。

　　埋头吃得热乎乎的，觉得忽然有一股冷风吹来，抬头一看，一位老头已经走到我的桌前，也是别无选择地坐了下来。在我的对面坐下来之后，大概看见我正在望着他，老头冲我笑了笑，那笑有些僵硬，不大自然。也许，是为自己一身油渍麻花的破棉袄感到有些羞涩，和这一饭馆衣着光鲜的红男绿女对应得不大谐调。我看不出他有多大年纪，或许还没有我大，只是胡子拉碴的显得有些苍老。我猜想他可能是位农民工，或者刚刚来到北京找活儿的外乡人。

　　他坐在那里，半天没见服务员过来，便没话找话地和我搭话，指指饺子，问我饺子怎么卖。我告诉他一两三块钱吧。他立刻应了声："这么贵！"这时候，那个小个子姑娘拿着小本子走了过来，走到老头的身边，问道："你吃什么？"老头望了望她，多少有点儿犹豫，最后说："我要一碗米饭。"姑娘弯下头在小本子上记下来，又抬起头问："还要什么？"老头说："就一碗米饭！"姑娘有些奇怪："不再要点儿什么菜？"老头这回毫不犹豫地说："一碗米饭就够了。"然后补充句，"要不麻烦，你再给我倒碗开水！"姑娘不耐烦了，一转身冲我眉毛一挑，撇了撇嘴，风摆柳枝般走了。

过了好长时间，也没见姑娘把一碗米饭上来，更不要说那一碗开水了。在这样一个势利眼长得比鸡眼还多的社会里，人们的眼睛都容易长到眼眉毛上面，很多饭馆都会这样，不会把只要一碗米饭的顾客放在心上，更何况是一个衣衫褴褛的老头，在他们眼里几乎是乞丐一样呢。姑娘来回走了几次，大概早忘了这一碗米饭。

我悄悄地望了一眼对面的老头，看得出来，老头有些心急，也有些尴尬，又不知道如何是好，如坐针毡。如果有钱，谁会只要一碗白米饭呢？但如果不是真的饿了，谁又会非得进来忍受白眼和冷漠而只要一碗白米饭呢？

我很想把盘子里的饺子让给老头先垫补一下，但把剩下小半盘的饺子给人家吃，总显得不那么礼貌，有些居高临下，就像电影《青春之歌》里的余永泽打发要饭的似的。那锅仔我还没有动，可以先让他喝几口，但一想饭还没吃，先让人家喝汤，恐怕也不合适，而且也容易被老头拒绝。

因此，当姑娘又向这边走来的时候，我远远地冲她招招手，她走了过来，老头看见了她，张着嘴动了动，一定是想问她：我那一碗米饭呢？但如今的小姑娘哪一个好惹？看人下菜碟，已是常态，势利的现实和势利的城市，早给她上了课。为了避免尴尬，我先把话抢了过来，对她说："姑娘，你给我上碗米饭！"话音刚落，怕她同样嫌弃我也只要一碗米饭，便又加了句："再来三两饺子。"

姑娘在小本子上记了下来，转身走了。我冲着她的背影喊了句："快点儿呀！"她头没有回，扬扬手中的小本说道："行哩！"

老头望了望姑娘走去的背影，又望了望我，什么话没有说，似乎是想看看，同样一碗米饭，到底谁的先上来。一下子，让我忽然感觉偌大的饭馆里，仿佛主角只剩下了老头、姑娘和我三个人，三个人彼此的心思颠簸着，纠结着，一时无语却有着不少的潜台词。

我望了望老头，也没有说话。我是想等这一碗米饭和三两饺子上来，一起给老头，谁家都有老人，谁都有老的时候，谁都有饿的时候，谁都有钱紧甚至是一分钱让尿憋死的时候。

老头垂下头，不再看我。我埋下头来，吃那小半盘的剩饺子，也不敢再望他，我不知道此刻他在想什么，但生怕我的目光总落在他的身上会让他觉得尴尬。有时候，只能让人感慨生活现实的冷漠，比窗外的寒风还要厉害，人与人之间的隔膜，如今是越来越深了，并不是一碗米饭几两饺子就能够化解的。

很快，也就是那小半盘剩饺子快要吃完的工夫，只听姑娘一声喊，您的米饭和饺子来了，便把一碗米饭和三两热腾腾的饺子端在我的桌子上，同时也把老头的那一碗米饭端在桌上。可是，抬头的时候，我和姑娘都发现，对面的老头已经离开了。

其实，只是上一碗米饭的时间。

风中华尔兹

那天的晚上，风很大，公共汽车站上没几个人等车，车好久没有来，着急的人打车早走了，剩下的人有些无奈。这时候，走过来一个姑娘，黑暗中看不清她的面孔，但个头高挑，身材苗条，穿着一条长摆裙子，还是很养眼。但公共汽车并没有因养眼的姑娘的到来而提前进站，等车的人们还在焦急地望眼欲穿。

不知这位高个的姑娘是刚逛完商厦，还是刚赴完晚宴，或是刚刚下班，总之，她显得神情愉悦，一点也不着急，竟然伸展修长的手臂，在站牌下转了两圈。是几步华尔兹，风兜起她的长裙，旋转成了一朵盛开的花，汽车站仿佛成了她的舞台。

这一幕，留给我的印象很深，记得那一晚的站牌下，对这位突然情不自禁地跳起华尔兹的姑娘，有人欣赏，有人侧目。我当时想，同样的夜晚，同样的大风，同样的焦急，人家姑娘的华尔兹，能够在自娱自乐之中化解焦灼，是本事，也是一种平和的心态。

有一天，我路过我家附近不远的一个小区，小区的大门口有一间不大的收发室，收发室的窗前挂着一块小黑板，黑板上密密麻麻地写着几门几号有挂号信，几门几号有汇款单，无论是阿拉伯数字，还是汉字，都写成斜体的美术体，分外醒目。一笔一画，一丝不苟，写得正经不错。走过那么多的小区，还从没见过哪里的收发室前的小黑板上有这样好看的美术字呢。

有意思的是，我看见收发室里坐着的一个小伙子，正拿着支笔，正襟危坐，往纸上写着什么。好奇心驱使我走了过去，和小伙子打招呼，一看他正在练美术字，双线镂空的美术字，满满地写在了一张废报纸上。我夸他写得真好，他笑着说天天坐在这里没事，练练字解闷呗！

其实，解闷的方法有多种，喝喝小酒，看看电视，下下棋，玩玩微信，都可以解闷。小伙子选择了写美术字，即使往小黑板上写邮件通知，也要用美术字写得那样整齐，那样好看，就像学校里的校刊一样正规。我对这个小伙子心生敬意，因为并不是什么人都有他这样的本事，能够将日常琐碎的事情做成如此赏心悦目，让自己看着，也让别人看着，那么舒服。

曾经在网上看到浙江湖州一个小伙子，和我见过的这个小区用美术字写黑板的收发小伙子，有异曲同工之妙。他是一个小区的保安，向他的主管提了好多建议，都没有被采纳，一气之下，不干了。不干了，他的辞职信写的不同一般，竟然是用文言文的赋体形式写成。你可以说他怀才不遇，你也可以指出他的赋有这样那样的毛病，但你不得不承认，那赋古风悠悠，洋洋洒洒，有典故，有文采，还有他的抑制不住的心情，或者那么一点自尊和自命不凡。于是，这篇赋体的辞职信迅速在网上走红，而李被称之"湖州第一神保"。

生活中，并不是每天都会下雨，也不是每晚都出星星；花好月圆总是属于少数人，月白风清总是属于幸运儿。大多的人，大多的日子，却是庸常琐碎、寡淡无味，甚至会有许多苦涩和不如意，怀才不遇的折磨会更多。能够如这两位小伙子，即使写再平常不过的邮件通知，也要写成与众不同的斜体美术字；即使写再卑微不过的辞职信，也要写成一唱三叹的赋体。我想，这也许就是我们常常说的一种对生活的态度吧。是古诗里说的：行到水穷处，坐看云起时；是罗大佑唱过的：胜利让给英雄们去轮替，真情要靠我们凡人自己努力；是那位大风里焦急候车的姑娘，将生活化为了华尔兹，让哪怕是滋生出来那一点点儿的艺术，也会有一点点快乐，温暖我们自己的心吧。

等那一束光

老顾是我的中学同学，又一起插队到北大荒，一起当老师回北京，生活和命运轨迹基本相同。不同的是，他欢喜浪迹天涯，喜欢摄影。在北大荒时，他就想有一台照相机，背着它，就像猎人背着猎枪，像没有缰绳和笼头的野马一样到处游逛。攒钱买照相机，成了那时的梦。

如今，照相机十分普及，专业成套的摄影器材，以及各种户外设备包括衣服、鞋子和帐篷，应有尽有。退休之前，他又早早买下一辆四轮驱动的越野车，连越野轮胎都已经备好。万事俱备，只欠东风，只要退休令一下，立刻动身去西藏。这是这些年早就盘算好的计划，成了他一个新的梦。

他就是这样一个人，我说他总是活在梦中，而不是现实中，便总事与愿违。现实是，他在单位当第一把手，因为后任总难以到位，过了退休年龄两年了，还不让他退。他不是恋栈的人，这让他非常的难受。终于，今年春节过后，让他退休了。这时候，我们"北大荒"要编一本回忆录，请他写写自己的青春回忆，他婉言拒绝，说他不愿意回头看，只想往前走，他现在要做的事不是怀旧，而是摩拳擦掌准备夏天去西藏。等到夏天，他开着他的越野车，一猛子去了西藏，扬蹄似风，如愿以偿。

终于来到了他梦想中的阿里，看见了古格王朝遗址。这个七百年前就消失的王朝，如今只剩下了依山而建的土黄色古堡的断壁残垣，立在那里，无语诉沧桑般，和他对视，仿佛辨认着彼此前生今世的因缘。

正是黄昏，高原的风有些料峭，古堡背后的雪山模糊不清，主要是天上的云太厚，遮挡住了落日的光芒。凭着他摄影的经验和眼光，如果能有一束光透过云层，打在古堡最上层的那一座倾圮残败的宫殿顶端，在四周一片暗色古堡的映衬下，将会是一幅绝妙的摄影作品。

他禁不住抬起头又望了望，发现那不是宫殿，而是一座寺庙，白色、青色和铅灰色云彩下，显得几分幽深莫测，分外神秘。这增加了他的渴望。

他等候云层破开，有一束落日的光照射在寺庙的顶上。可惜，那一束光总是不愿意出现。像等待戈多一样，他站在那里空等了许久。天色渐渐暗下来，他只好开着车离开了，但是，开出了二十多分钟，总觉得那一束光在身后追着他，刺着他，恋人一般不舍他。鬼使神差，他忍不住掉头把车又开了回来。他觉得那一束光应该出现，他不该错过。

果然，那一束光好像故意在和他捉迷藏一样，就在他离开不久时出现了，灿烂地挥洒在整座古堡的上面。他赶回来的时候，云层正在收敛，那一束光像是正在被收进潘多拉的魔盒。他大喜过望，赶紧跳下车，端起相机，对准那束光，连拍了两张，等他要拍第三张的时候，那束光肃穆而迅速地消失了，如同舞台上大幕闭合，风停雨住，音乐声戛然而止。

往返整整一万公里，他回到北京，让我看他拍摄的那一束光照射古格城堡寺庙顶上的照片，第二张，那束光不多不少，正好集中打在了寺庙的尖顶上，由于四周已经沉淀一片幽暗，那束光分外灿烂，不是常见的火红色、橘黄色或琥珀色，像是一束天光在那里明亮地燃烧，又像是一颗心脏在那里温暖地跳跃。

不知怎么，我想起了音乐家海顿，晚年时他听自己创作的清唱剧《创世纪》，听到"天上要有星光"那一段时，他蓦地从座位上站起来，指着上天情不自禁地叫道："光就是从那里来的！"那声音长久地在剧场中回荡，震撼着在场的所有人。在一个越发物化的世界，各种资讯焦虑和欲望膨胀，搅拌得心绪焦灼的现实面前，保持青春时分拥有的一份梦想，和一份相对的神清思澈，如海顿和我的同学老顾一样，还能够看到那一束光，并为此愿意等候那一束光，是幸福的，令人羡慕的。

问路一街槐花香

出门在外，谁都有过问路的经历。

那天，我在保安寺街上转悠，保安寺街有明朝古刹保安寺，有大军阀吴佩孚的大宅门。三进三出的院落且有东跨院的豪宅，当年是庭院深深深几许，如今落魄得凤凰不如鸡，已经沦落为拥挤不堪的大杂院。站在前院狭窄的空地间，和街坊们聊天，话题如鸟啄食一样，都落在"拆迁"二字上。因为这里要拆迁，大家七嘴八舌，说得挺热烈。我没有注意到，人群中有这样一位老爷子。

在保安寺街上来回转了一圈，一直走到街东头，出现了三岔口，想去北大吉巷，不知该往哪儿走。问站在街边乘凉的街坊，话刚落地，身后传来了响亮爽快的话声："去北大吉巷，跟我走！"转身一看，是位老爷子，推着一辆轮椅，轮椅上坐着一个智障男子，年纪得有四十，老爷子也得是六十往上了。看样子，是父子俩。

我跟着老爷子折回往西走。老爷子对我说："刚才你到我们院子去过。"这话透着亲近，一下子缩短了彼此的距离，是老北京人的风格。我这才注意到，他说话的声音洪亮，只是显得多少有些吃力，每个字间有些间隔，不那么流畅。心里暗想，儿子智障，他多少也有些毛病，也许是遗传。

又快走到吴佩孚的老宅前了。右手往北有一条小胡同。老爷子推着轮椅，在路口停住了，他用手一指，告诉我："就走这儿，走到头是南大吉，再走，就是北大吉。"我问了一句："走到头，往右拐，还是往左拐？"这话好像有些问住了他，他有些犹豫，低着脑袋，想了想，然后抬起头来告诉我："往右。"

我向他道谢后告辞了，刚走两步，听身后又传来他的话声："是往右。"那话像是喃喃自语，又像是再次的叮嘱。我禁不住回过头，看见他正伸开两只手，眼睛来回在转，看看自己的右手，又看看左手，最后确定，是往右，没错。他的儿子依在轮椅上，眼睁睁地望着他，多少有些奇怪父亲的这举动。他却向我笑笑，摆摆手，让我赶紧去找北大吉巷。

他刚才那微小的举动，让我感动。一路走一路总想，他那来回看手的样子，不像老人，倒像是孩子。有些智障的人，有时比没有智障的健全人，更认真，更善良，更可爱。对比我们荆棘丛生般芜杂的心，他们的心地更单纯得像孩子。一个人的心理年龄和实际年龄，因心地的原因，往往会拉开很大的距离，哪怕只是微不足道的一件小事。

往右拐了，是一街槐花的清香。

青木瓜之味

　　大约是2000年初春的一个星期天下午，我去邮局发信。邮局离我家不远，过了马路，走两三分钟就到。就在要到邮局的时候，一个年轻的女子和我擦肩而过。忽然，她停住脚步，回头看了我一眼。那一眼的眼神很亲切，也有些意外的惊奇，仿佛认出了一个熟人而与之邂逅相逢。那眼神闹得我以为真的碰见了什么认识的人，便也禁不住停住脚步，看了她一眼：年龄不大，也就二十出头，模样清爽，中等身材，瘦削削的。看她的装扮，初春时节还穿着一件臃肿的棉衣，就猜得出是一个外地人，大概是打工妹。我仔细地想了想，从来没有见过这么个人，她肯定是认错了人。于是，我笑笑自己的自作多情，向邮局走去。

　　我走了没几步，她从后面跑了过来，跑到我的面前，这让我很吃惊，不知碰见了什么人。只听见她用南方那种绵软的声音仔细而小心翼翼地问我："你是不是肖复兴老师？"我越发得惊讶，她居然叫出了我的名字，木讷在那里，近乎机械地点了点头。

　　她一下子显得很兴奋，接着说："刚才你迎面向我走来，我看着你就像。我读中学的时候就看过你写的书，你和书上的照片很像。真没有想到怎么这么的巧，今天在这里遇见了你！"

　　原来是一位读者，大概她这番热情的话，很能够满足我的虚荣心，尤其是听她说她喜欢我写的一些东西，特别是说她读中学的时候读我写的东西对有她帮助，一直忘不了……我就像小学生爱听表扬似的，立刻有些发晕，找不着了北，站在街头和她聊了起来，一任身边车水马龙，喧嚣不已。

从她那话语中，我渐渐地听明白了，从小在南方农村长大，中学毕业，她没有考上大学，家里生活困难，就跟着乡亲来到了北京打工，住的地方离我家不算太远，要走半个小时左右，今天星期天休息，她是刚刚到邮局给家里寄钱，并发了一封平安家信。虽是萍水相逢，只是些家常话，却让我感到她像是在掏心窝子，一下子竟有些感动，没有想到只是写了一些平常的东西，能够让心拉近，距离缩短，心里想也应该说是如今没什么用处的文学的一点特殊功能吧。于是，我进一步犯晕，沿着斜坡继续顺溜地下滑，不知对她的热情如何回报似的，竟然指着马路对面我家住的楼对她说："我家就住在那里，你有空，欢迎你到我家做客。"说着把地址写给了她。她高兴地说："太好了，我一定去！"

回到家后，我就把这件意外相逢的事情当作喜帖子，向家里的人讲了，不想立刻遭到全家一盆冷水浇头，纷纷说我，"你以为你遇到了知遇知心呢？别是个骗子吧？""可不是，现在骗子可多着呢，你可别忘了狐狸说几句赞扬的话，是为了骗乌鸦嘴里的肉。""什么？你还把咱家的地址告诉了人家？你傻不傻呀？你就等着人家上门找到你头上来骗你吧！""要真是找上门来，骗几个钱倒没什么，可别出别的事！"……

一下子，说得我发蒙。一再回忆街头和那个年轻女子的相遇和交谈，不像是个狐狸似的骗子呀，再说，她肯定是读过我写的书，要不也说不出书名，并且能够对照着书上的照片认出我来呀。但家里的人说得也没有错，谁也不会把骗子两字写在脑门上，高明的骗子现在越来越多，防不胜防。这么一想，心里连连后悔，而且不禁有些发虚，嘲笑自己如此可笑，禁不住两碗迷魂汤一灌，就如此容易轻信上当。一连多天，都有些提心吊胆，怕房门真的被敲响，开门一看，是这个年轻的女子登门拜访，后果不可收拾，不堪设想。

好在一连好多天过去了，都平安无事。

时间一长，这件事情渐渐淡忘了。偶尔提起，被家人当作笑话嘲笑我一番。我心里想，即使不是骗子，也只是街头的一次巧遇或萍水相逢，别再犯傻了，被人家两句过年话一说就信以为真。即使人家不骗你，没准还怕你骗人家呢。

将近一年过去了，春节过后，我们全家从天津孩子的姥姥家过完年回家，刚上电梯，开电梯的老太太对我说："你先等我一会儿，前两天有人来找你，你没在家，把带来的东西放在我这里了。"开电梯的老太太是个热心人，住在楼里的人要是不在家，来人送的信件报纸或其他的东西，都放在她这里。她家就住在楼下，不一会儿，就拿来一包用废报纸包着的东西。回家打开包一看，是两个青青的木瓜。木瓜的旁边有一张小纸条，上面写着两行小字，大概意思是你还记得吗，我就是那天在邮局前和你相遇的人，我一直想来看你，工作太忙了，一直没有时间。我过年回家带给你两个木瓜，是我家自己种的，只是一点心意。祝你写出更多更好的作品！下面没有写下她的名字，只是写着：一个你的读者。

全家都愣在那里，谁都说不出一句话来。

我永远也不会忘记这个年轻而真诚的女子，不会忘记这件事情，不会忘记这两个木瓜。总记得切开木瓜时候的样子，别看皮那样得青，里面却是红红的，格外鲜艳，特别是那独有的清香味道，在房间里飘荡着，好多天没有散去。

沙湾古镇即景

从广州去沙湾古镇那天的路上，下了一场雨，虽是阵雨，但那一阵下得挺大的。到达古镇的时候，雨停了，挺善解人意的。

沙湾古镇在番禺，如今，番禺成了广州的一个区，从市内坐地铁倒一趟公交车就到，不远，很方便。不是节假日，古镇很清静，走到留耕堂前，人多了起来。留耕堂，是何家宗祠，在古镇有不少宗祠。岭南一带，宗祠文化传统悠久，它维持着宗族的团结，信仰，以及文化的传承。何家是古镇大户，一家出了三位举人，其中一位还当了朝廷的驸马爷，声望在古镇绵延长久。留耕堂最早建于元代，现在堂皇阔大的建筑，是清康熙时重建的。留耕堂前，是一片宽阔的广场，成为古镇的中心，留耕堂便当之无愧地成为了古镇的地标。

广场四周，几乎布满了画画的学生，一打听，是从广州专门来这里写生的。小马扎上，坐着一个个年轻的学生，稚气的面孔和画板上稚嫩的画作，相互辉映，成为那一天古镇一道别致的风景，为古镇吹来年轻的风。

我最爱看人写生。面对活生生的景物，取舍的角度，感受的光线，挥洒的色彩，个人想象的填充，每个人都不尽相同，非常有趣。这些学生千篇一律都在画水粉画，大概是老师的要求。晚秋雨后的阳光，湿润而温暖，照耀在这些学生的身上画布上和水粉盒子上，跳跃着五彩斑斓的光斑，让古镇那一刻如诗如画，显得那么的幽静和美好。

这时候，忽然广场上嘈杂起来，有学生从马扎上腾地站起来，有的跑向广场那一侧，有的惊慌失措地望着那一侧。我也朝那边望去，那边靠道口的是一排房子，有小店，有住家，住家大门旁边是一扇落地的卷扇拉窗。窗上有一道凉棚，凉棚下摆着一溜儿画架，马扎，还有水粉盒，调色的水杯和书包。就看见一个中年男人，气哼哼地从家门出来，不由分说将这些东西一件件抄起，噼里啪啦地朝前面的广场扔去，立刻，一片狼藉，慌乱的色彩涂抹了一地。

有几个学生纷纷跑了过去，想阻止这个男人近乎疯狂的举动，但杯水车薪哪里阻止得了腾腾火苗的燃烧。那个男人依旧发疯似的扔东西，一个画架子正好砸在一个女学生的脑袋上，我看见，她委屈地哭了起来，蹲下来，拾起自己的画架和水粉盒，紧紧地抱在怀里。

一位镇子上的女人骑着摩托车过来，指责着这个男人，骂他衰仔！

一个男子骑着自行车过来，放下车，走到这个男人的面前，给了他一巴掌："怎么可以这样？"

这个男人不动了，也不说话，站在那里，呆若木鸡。

那个女人和那个男子，向学生解释，他的脑子有毛病，独立生活都成问题，然后，指着他的房子又说，这房子都是政府出钱帮他新盖的。

本来拿出手机要报警的学生放下了手机。能和精神病人掰扯清什么呢？那个女学生还在无声地哭泣。有女同学搂着她的肩膀，安慰着她。

在学生们的议论中，我听明白了，刚才下雨的时候，学生们到凉棚下躲雨，然后又去和同学交流的时候，一时没有来得及将画具移走，就发生了刚才一幕的闹剧。

女人和男人把学生和那个男人劝开，几个学生把扔出去的画具和马扎拾起，远离凉棚，到别处写生去了。广场上，又恢复了刚才的平静。阳光依旧湿润而温暖地照耀着，洒在广场上一片金光。只有那一片被泼洒出的水粉和水搅和一起的色彩，显得那样杂乱无章，像一幅荒诞派的画。

和江南古镇相比，这里没有水系的环绕，由于经过南宋到元、明、清几代，建筑风格更为丰富，破坏和改变的不多。老街纵横交错，地理肌理清晰犹存，石板路沧桑还在。除个别人家变为店铺，大多院落依旧保持着原来的烟火气，商业气息还没有那么浓重不堪。细细走走，有一种依稀梦回前朝的感觉。

我在古镇转了一圈，又回到留耕堂前的广场。留耕堂门前一侧，齐刷刷坐满一排学生，对着前面的广场、小店、老街，以及更前面一些的池塘，露出镂耳式山墙一角，在写生。

在这一群学生里，我看到了刚才哭泣的那位女学生，我看见她画架的画纸被撕开了一道大口子，她依然坚持在上面画。我站在她的身后，仔细看了看她的写生画，她画的对面那个脑子有毛病人家的房子，左边是那扇家门，右边是有卷窗的凉棚，凉棚旁边，她多画了隔壁店铺前摆放的一盆花，红艳艳的三角梅开得正旺。

颐和园的小姑娘

六一儿童节的黄昏，我坐在颐和园的长廊里写生。我在画停泊在排云殿前的画舫，忽然听到身边有个脆生生的声音："爷爷，你画的这个龙船还真像！"我转过头来，看见一个小姑娘不知什么时候坐在我的身边，大概一直等我画把这艘龙船画完，忍不住地夸奖了我。

我觉得她的口气像老师在鼓励学生，故意问她："你真的觉得像吗？"她拧着脖子，很认真地说："真的，就跟我们课本里印的画一样！"

这话说得更像老师在鼓励学生了。我注意打量了她，一身连衣裙，一双塑料凉鞋，都有些脏兮兮的，脚上的丝袜明显有些大，像是母亲穿过的。因为她有点儿外地口音，我问她是哪里人。她告诉我是河南泌阳的。泌阳？我没有听说过这个地方，问她"泌"字怎么写，她很得意地在我的画本上写上了"泌"字，又补充告诉我，是属于驻马店地区。

我以为她是随父母旅游的，便问她是跟谁来颐和园玩的？她又一拧脖子说："我和我弟弟。"我有些奇怪，叮问她："就你们两个孩子？从河南？你才上小学几年级呀？"她说："我上四年级，可我就住在北京。离颐和园很近，走路十多分钟就到了。我和弟弟常到这里来玩。今天不是六一节放假嘛，上午我们都玩半天了，中午回家吃完饭，下午又来了。"我问她中午谁做饭。她一扬下巴："我呀！"我问她："你会做什么？""西红柿炒鸡蛋，煮面条，我都会。"

我猜出来了，父母打工，她是和父母一起从河南来北京的，而且来的时间不短，河南话里已经有明显的北京味儿。并不是我有意问她，是我在画长廊和排云殿相接处的一角飞檐的时候，随便问她长廊附近有卖冰棍的吗。她看着我的画，头也没抬说："有也别买，这里卖的都贵，要买就到外面买去。我妈就是卖冰棍的。"然后，她指着画上我画的松针问我："这画的什么？"我说："是松针，不像吧？""你还没画完，画完就像了。"她挺会安慰人，是个小大人。

我不知道如今在北京打工的外地人有多少，他们的子女到北京来上学的人又有多少。我们都管这个小姑娘的父母叫作"农民工"，这是个改革开放以来出现的新名词。这个偏正词组，让他们一脚踩着两条河流，却又哪一头都靠不上。他们已经不是传统意义的农民，早就脱离了土地而进入了城市，工作在城市，生活在城市，按理说，他们已经无可辩驳地成为了城市有机的一分子。由于城乡二元的社会结构，户籍制度等一系列制度与政策，使得他们又不是城市人，他们的身份认同处于一种尴尬和焦虑的位置上。作为城市里出现的第一代和第二代农民工，他们最终归宿还是要落叶归根，回到家乡农村去的。但是，他们的孩子，特别是一天天长大在城市里的孩子，对于农村的印象和归属感，没有父母那样强，城市生活的影响和诱惑，又会使得他们不可能如父母一样只是把城市当成打工的漂泊之地，他们更愿意成为城里人，这从他们的打扮、饮食和爱好，已经越发显示出趋光性一般向城市靠拢的天性。但是，城市并没有完全地接纳他们，首先面临的，没有城市的户口，便如一道石门，令他们无法打开真正能够通往城市的道路，读小学借读还可以，高考就要被打回老家。他们变成为了中国城市中第一代边缘人，他们是无根的一代。

我想起曾经来过北京的诺贝尔经济学奖获得者丹尼尔·麦克法登说过的话："如果向贵国领导人提建议，我会建议他关注农民工下一代的教育问题。"望着我身边的这个小姑娘，我想，颐和园可以让她这样的农民工的孩子与北京的孩子共有，学校也应该让她和北京的孩子一样共有，这应该是起码的公平，是解决农民工下一代教育问题的前提。

"爷爷，你怎么不画了呀？"我有些走神，停下了画笔，她在催促我。我对她说："太阳快落山了，你弟弟呢？你怎么不找找你弟弟，得回家了。"她一拧脖子，说："我才不找他呢。我们净打架，我得等他来找我！"我问她："你弟弟几岁了？你不怕他找不到你？""我弟弟比我小一岁，我们常在这里玩，这里，他可熟了，不会找不到我的。"

弟弟不知还在哪里疯跑？姐姐还在长廊里等着我把飞檐画完。他们的母亲不知在哪里卖冰棍？晚饭，还是要她来做吗？

暮色四垂，昆明湖的色彩暗了下来，那艘龙船不知什么时候开走了。

两角钱

那天下午，我去邮局寄信，人很多，大多是在附近工地干活的民工。才想到是他们发工资的日子，在往远在千里之外的家里寄钱。

我寄了一摞子信件，最后算邮费，掏光了衣袋里所有的零钱，还差两角钱。我只好掏出一张一百元的票子，请柜台里的邮局工作人员找。她没有伸手接，望了望我，面色不大好看。为了两角钱要找一百元的零头，这确实够麻烦的，难怪工作人员不大乐意。

我下意识弯腰又翻裤兜的时候，和一个男孩子的目光相撞。十四五岁的样子，一身风尘仆仆的工装，不用说，也是工地上的民工，跟着大人们一起来寄钱。他就站在我旁边的柜台的角上，个头才到我的肩膀，瘦小得像个豆芽菜。我发现他的眼光里流露着犹豫的眼神，抿着嘴，冲我似笑非笑的样子，有些怪怪的。而他的一只手揣在裤袋里，活塞一样来回动了几下，似掏未掏的样子，好像那里藏着刺猬一样什么扎手的东西，更让我感到奇怪。

没有，裤袋也翻遍了，确实找不出两角钱。我只好把那张一百元的票子又递了上去，邮局的人还是没有接，说了句："你再找找，就才两角钱还没有呀。"可我确实没有啊，我有些气，和那位工作人员差点儿没吵起来。

这时候，我的衣角轻轻地被拉了一下，回头一看，是那个小民工，我看见他的手从裤袋里掏了出来，手心里攥着两角钱："我这里有两角钱。"说完这句外乡口音很重的话，他羞涩地脸红了。

原来刚才他一直是在想帮助我，只是有些犹豫，是怕我拒绝，还是怕两角钱有些太不值得？我接过钱，有些皱巴巴的，还带有他手心的温热，虽然只是两角钱，也是他的血汗钱。我谢谢了他。他微微地一笑，只是脸更有些发红了。真是一个可爱的孩子。

接过两角钱，工作人员的脸上呈现了笑容。邮戳在信件上欢快地响了起来。

寄完信，我去附近的超市买东西，破开了那一百元的票子，有了足够的零钱。我又回到邮局里，不过，那时已是落日的黄昏，不知那个孩子还在不在？我想如果那个孩子还在，应该把钱还给他。

他还真的在那里，还站在柜台的角上，那些民工们还没有汇完钱，他是在等着大人们一起回去。我向他走了过去，他看见了我，冲我笑了笑，因为有了那两角钱，我们成为了熟人，他的笑容让我感到一种天真的亲切，很干净透明的那种感觉。

走到他的身边，我打消了还那两角钱的念头。我不知道这样做对不对，但看到他那样的笑，总觉得他是因为自己做了一件帮助人的好事，才会这样的开心。能够帮助人，而且是举手之劳的事情（但我们对好多举手之劳的事情都熟视无睹而不愿意伸出手来），尤其是那个帮助看起来比自己大许多的大人，心里总会产生一种美好的感觉吧。我当时就这样想，干吗要打破孩子这样美好的感觉呢？一句谢谢，比归还两角钱，也许，更重要吧？

我轻轻地抚摸了一下他的头，问了句："还没走呀？"然后，我再次郑重地向他说了声："谢谢你啊！"他的脸上再次绽放出笑容。

以后，我多次去过那家邮局，再也没有见到那个孩子，但我怎么也忘不了他。他让我时时提醒自己，面对一些举手之劳的事情，能够伸出手来去帮助他人，一定要伸出手来。不过，我有时总会想，没有还给孩子那两角钱，这样做到底对不对？

诗的救赎

如今，电视屏幕的娱乐节目，几乎被搞笑的小品、相声和娱乐化的相亲、做饭等版块所占领。丁酉新春伊始，央视一套推出《中国诗词大会》第二季的节目，颇为值得一看。我是从第四场偶然间看到了，立刻被吸引，便又找到回放，补齐前三场。现在，十场比赛落下帷幕，让我看到在泛滥的娱乐节目中难得的那一点文化的影子，尤其又是我国传统文化美丽的疏影横斜。

中国古典诗词，尤其是我们的唐诗，真的是世界绝无仅有的一种文学样式，同时又是我们民族从古至今代代相传、潜移默化的文化营养。即使过去了上千年，它们和我们的生活、我们的情感，我们的精神，还是那样息息相关，而且，离我们是那样近。可以毫不夸张地讲，现今存在的一切以及我们内心所思悟、情感所需要、梦想所企盼的一切，在唐诗中都可以找到这样诗性的对应，非常的奇特，而且，非常的准确，非常的好懂易记，又非常的蕴藉和浓缩。面对当今纷繁变化的世界，我们需要包括唐诗在内的中国诗词这样带有古典情怀的诗性的营养，起码对于我，需要这样诗性的释怀，甚至救赎。

节目中，无论是百人团形形色色的参赛者，还是主持人和点评嘉宾，都值得点赞。从某种程度上，古诗词是一种游戏，其游戏的特点在于我国文字魅力的独特性，其中词与词、字和字之间细致入微、紧密非凡而奇特无比的关系，亦即如布罗茨基所讲的："一个词在上下文中特殊的重力。"这是中国古诗词独有的语言系统、美学系统和价值系统。这些系统不是正襟危坐的高头讲章，而是温润清澈，如水流动，真的是一种中国文化独有的奇妙而有着特殊重力的存在。

《中国诗词大会》抓住了其游戏的特点，让节目在比赛中变得好看，同时，传播了经典传统的文化。更重要的是将参与者的人生与精神和我们的古诗词密切交融，互为镜像，更让我们能够有意识地靠近它们庇荫取暖，读诗洗心，以此完成了对于我们今天残缺的精神和娱乐化节目的救赎。

在这个节目中，最让我感动并难忘的，是来自河北农村的一位普通农民，四十岁的白茹云。她在比赛中淡定而坚定，最后脱颖而出，完全答对了题目，真的是不容易，那九道题让我来答，是答不全的。六年前，她患有淋巴癌，住院化疗期间，无所事事，在医院旁边的小摊上买了一本唐诗鉴赏辞典，躺在病床上看，住院一年，看了也一年，一首首地看，一首首地抄，一首首地背，燃起了她对古诗词的爱。是古诗词帮助她走出死亡的阴影，战胜了生活的贫寒和化疗的痛苦，完成了她生命更是精神的救赎。

董卿的那次主持，是我看到她主持节目中的最好的一次。在节目中，她引用别人的话说："生活中不仅有眼前的苟且，还有以后的苟且，正因如此，我们更需要诗和远方——她敢于在中国古诗词中面对今天的苟且，让她在这个节目中显示出了她知性素养和感性真情的一面，她情不自禁地落泪，和即兴而来的吟咏，摆脱了以往节目中一些端起架子的造作和程式化的空洞。可以说，这些其实就是今天无奈的苟且，她是清醒的，是中国古诗词让她有勇气清醒地面对今天的苟且，并帮助她有力量战胜苟且而完成对自己和电视节目的救赎。"

一个普通的电视节目，能够如此完成对于我们自身的生活和电视节目的双重救赎，是不简单的，不容易的，尽管这样的救赎只是浅近的尝试和开始。

其实，我们每一个人都有属于自己的苟且，因此，都需要属于我们自己的精神救赎，哪怕只是一点点。因为我们每一个人都有属于自己心里的一点点的期许，一点点对自己的祈愿，和对他人的祝愿。当然，救赎的方式是多样的，中国古诗词只是其中一种。前辈学者钱穆先生，在论述中国古诗词时曾经说过这样的话："中国古人曾说'诗言志'，此是说诗是讲我们心里的东西的。"在这里，对于"诗言志"的"志"，钱穆先生做了最好的解释，而不囿于传统和现时惯用的那种宏大的指向，强调的是"心里的东西"。

我想，大约是古典诗词区别于新诗乃至文学其他品种最特殊的地方，也是最迷人的地方，最让我们感到亲近的地方。所以，钱穆先生又说："正因文学是人生最亲切的东西，而中国文学又是最真实的人生写照，所以学诗就成为学做人的一条径直大道了。"这是学习中国古诗的更高境界了。这样的境界，就是诗帮助我们完成救赎之后所达到的境界。

书信的衰落

如今的人，手写的书信越来越少。尤其是手机微信的发达，更简便易行地替代了手写书信。有时候，真觉得科技是人类情感的杀手，用貌似最迅速的速度和最新颖的手段，扼杀人类心底最原始的也是最朴素的诉说。只是手指在手机上轻轻几下按动，不仅将人们相互情感的表达变得懒惰，冰冷冷地缺少了身体的温度，更变得千篇一律的格式化。

信件就是这样飞速又无可奈何地衰落。家书抵万金，更只是昔日的辉煌，残照般明灭在依稀的记忆里。就更别去说将信刻印在竹子上面的竹简了，如今哪儿还有那样的耐心，写一封信要费用那样的功夫，饶了我吧！

看到法国上月出版的新书《致安娜》（ *Letter a Anne* ），书中收录了前法国总统密特朗从 1962 年到 1995 年他去世之前 33 年里，写给女友安娜的一千多封书信。忽然想起前些年曾经在报上看到消息，美国前总统杜鲁门写给他的妻子所有的信，也印成了一本书《亲爱的贝思》（ *Dear Bess* ）。从 1910 年杜鲁门给贝思写的第一封情书，到他 1972 年去世之前写的最后一封信，一共 1322 封。一个 33 年，一个 62 年，都是一千多封信，想象那种由信件连缀起来的漫长岁月，一种由信件流淌而出的心底倾诉，含温带热，可触可摸，是那样的让人感动而羡慕。

我这里所说的羡慕，是在说我们如今的人，还能够像密特朗和杜鲁门一样一辈子里写下这样多的信吗？或许有人会说，人家是总统，我们普通人一辈子哪有那么多的信可写？这话说得也没错，但普通人之间也需要交流，尤其是亲人之间的家书，更是我国自古以来的传统，即使自己不会写字，也要请别人代写家书，以这样的"代写书信"的先生，在街头摆摊常见。只不过如今交流的方式已经被手机微信和视频理所当然地取而代之。孩子给父母买一个手机或将自己的手机替换给父母，便将自己给父母写信一并省略了。

如今手写书信的衰落，是生活的挤压、虚假的泛滥、实用的放纵的一种现实，是感情的枯燥、精神的失落、内心的委顿的一种折射，却偏偏是渴望虚荣、恋慕奢华、信奉浮夸的一种映照。别的不用说，你试验一下，给自己的情人一下子送上九百九十九朵玫瑰，能够做到；但像密特朗和杜鲁门一样，能够水滴石穿坚持写下一千多封信，恐怕是望尘莫及。不要说一连写几十年，就是写几年试试看？就是写几封试试看？就该没词儿了，就该借助手机里那些现成的短信了，虽然是早在别人的嘴里咀嚼过不知多少遍的口香糖，他已经成为一种舒服的快餐般的表达方式和经过格式化修剪的习惯姿态。只是信原本带有的私密性已经被公共性所取代。

自然，"复恐匆匆说不尽，行人临行又开封"，写信时的那种独有的感情；"远梦归侵晓，家属到隔年"，等信的那种等待的心情；"独下千行泪，开君万里书"，拆开信封时那一瞬间的美好感觉，——都是已经荡然无存。

手写书信的衰落，潜在的另一个拿不出手的因素，是我们手写的字越来越差，只好用手机微信来遮丑。以前上学临帖写大字，是必修的一门功课，是多少年来的文化传统，讲究的是意在笔先，也就是说执笔写字前心中要有所思，现在却是根本不用想，只照葫芦画瓢复制手机朋友圈上现成的词语就万事大吉。如今许多我们民族根性的东西都已经被我们自己丢弃了，更不要说写字了。有趣的是，我们的字写得丑陋不堪，我们在微信上用来交流的语言可是越来越花哨和肉麻。这也许是我们自己一种逃脱不掉的反讽。

密特朗和杜鲁门各自那一千多封信，让我想起这样的一个问题，我们一个人一辈子能够写多少封信？从《鲁迅全集》中查，我看鲁迅先生一辈子也是写了一千多封信，便想当然地觉得，大概最多也就是这样一个数字吧？无论密特朗，杜鲁门，还是鲁迅，都是名人，写的信自然要多一些，如我们一般的平常人，肯定比他们要少，一辈子又能够写多少封信呢？当然，因人而异，会有人多些，有人少些，但是，即使再少，也得有几封，哪怕一封，是由你自己亲手写下的或由你自己亲手接过来的信吧？这一辈子的回忆，才有了一个实实在在的依托吧？

记得我母亲去世之后，我在母亲珍藏的包袱皮里，发现了一封信，是1972年的春节前夕我写给她的一封信，那时候，我还在北大荒。母亲一直珍藏着。其实，母亲并不识字。

昔日重现

《昔日重现》是一首老歌。我第一次听，是二十多年前，卡朋特唱的，朴素真诚，没有花里胡哨，唱得很幽婉动听，倾诉感和怀旧感很强。那歌词即使不能完全听懂并记牢，但那一句"yesterday once more（昔日重现）"，如丝似缕，却总也忘不了。

这一次，朋友发来视频，配放这首歌的画面，是黑白片的老电影，里面出现了《罗马假日》的赫本和《魂断蓝桥》的费雯丽。选的真的是好，如果选彩色电影，还会有这样的效果吗？赫本和费雯丽是这首歌深沉的两个声部，她们的出现，让歌词"yesterday once more"从旋律中飞出，变成了动人的画面。

在这两部老电影中，赫本的清纯，费雯丽的忧郁，让人感动。想起第一次看《魂断蓝桥》，电影是在体育馆里放映的，费雯丽迎着车灯光迷离走去，很多人都在暗暗落泪，我也一样，觉得费雯丽是那样的让人难忘。前年，去美国的飞机上，电视里可以选择的电影很多，我选择了老电影《罗马假日》，赫本让我想起自己年轻的时候，青春期再如何迷茫与蹉跎，也是美好的，赫本就是青春的一种象征。

出演《罗马假日》时，赫本才二十三岁，那实在是一个令人怀念的年龄。费雯丽演《魂断蓝桥》时二十七岁，却已经经历生离死别。

二十三岁时，我在北大荒；二十七岁时，我刚回北京，在郊区一所中学里教书。那时候，父亲突然脑溢血去世，家中只剩下老母亲一人，我只好和青春恋人在北大荒春雪飘飞的荒原上离别。我没有赫本如此美妙的罗马假日，却有着和费雯丽一样的生离死别。

那时候的电影，真的是那样叫人难忘；那时候的演员，真的是那样叫人迷恋。日后好莱坞的明星也出了不少，却总觉得没有那个时期的明星让人信任。特别是女演员，如赫本和费雯丽，她们所表演出来的清纯和真情，让人觉得就是生活中的真实，在她们青春洋溢的脸上，看不到一点的风尘、脂粉与沧桑。而我们如今的影视屏幕上那些女演员，哪位能如赫本和费雯丽一样的清纯与真挚呢？她们的脸上，让我看到更多的是风尘、脂粉和久经沧海难为水的沧桑，以及徐娘半老偏要扮嫩的从心灵到肉体的一体化的虚假。

同样，如今我们也缺少如《昔日重现》这样真情自然倾诉的歌声。尽管我们的晚会上载歌载舞的歌很多，尽管我们的电视中真人选秀的歌手很多，吼叫着比试嗓门，像书法里比试怪写法一样，比试着怪唱法的很多，却很难听到如赫本与费雯丽一样清澈纯情的歌声。我们那些陕北信天游里的酸曲，内蒙古的长调短调，还有青海的花儿，都不知道跑到哪儿去了。我们缺少这样自我吟唱式的歌唱，是因为我们已经缺少了这样朴素的表达方式。从历史的原因来说，和我们社会时代有着明里暗里的关系，或是无奈的藕断丝连，或惯性的轻车熟路。从现实的原因来看，流行文化和消费文化致命到骨髓的影响，我们更愿意聆听九百九十九朵玫瑰和爱你一千年一万年不变的感情奢靡和空泛的抒发。朴素的表达方式便这样理所当然地就被抛弃，真诚便这样轻而易举地被阉割。难以找到《昔日重现》，难以找到赫本与费雯丽，便是理所当然毫不奇怪的了。

红颜薄命，赫本只活到六十四岁，费雯丽更短，只活到五十七岁。她们主演的《魂断蓝桥》和《罗马假日》，让她们始终定格在青春时清纯的模样。

卡朋特死得更早，只活到了三十二岁。她的生命，留存在她的歌声里。

《昔日重现》，真的一首百听不厌的好歌。赫本、费雯丽和卡朋特，连同我们自己的记忆，都会在这样的歌声里不止一次地重现。

"Yesterday once more！"

校园记忆

漫长人生中，存有自己心里的记忆会有很多。不知别人如何，在我最美好最难忘的记忆，在校园。

2006 年的春天，我第一次来到芝加哥的校园。那时，儿子在这所大学读博。十年过去了，多次来美国，只要是在芝加哥入境，我都要到芝加哥大学的校园里转转，尽管儿子早已经毕业，不在这里了。

我很喜欢在校园里走走，尤其是在美国大学的校园里。我们国内的大学，其实也有很不错的校园，比如北京大学、武汉大学、厦门大学，但是，不知怎么搞的，最近这几年那里一下子人流如潮，爆满得如同集市。或许是大学扩招之后的缘故，或许是家长和孩子对好大学的渴望，参观校园成为了一种时尚。再有，和美国大学的校园不同，我们的大学都有院墙，挡住了人们随意进出的路，有些不大方便。想想，自儿子从北京大学毕业，我已经有十四年没有去北京大学的校园了。去年樱花开放的时候，我去了武大一次，校园里，人群如蚁，人头攒动，感觉人比樱花还要多，没有了校园里独有的幽静，漫步让位给了拥挤，花香败阵于尘嚣。

来芝加哥大学，有时候是白天，有时候是晚上。无论什么时候，这里的校园人并不多，抱着书本或电脑疾步匆匆的，大多是学生；举着相机拍照的，大多是外地的游客；嗓门儿亮亮的在呼朋引伴的，大多和我一样是来自国内的同胞。即便是这样的嗓门儿，在偌大的校园里，很快就被稀释了，校园就像一块吸水的海绵，包容性极强。它容得下来自世界各地的莘莘学子，也容得下来自世界各地的如我一样的过客。

夏天的芝加哥，感觉比北京似乎都要热，但只要走进校园，尤其是树荫下，一下子就凉爽了许多。有时候，我会到图书馆，或到学生的活动中心，会到展品极其丰富的西亚博物馆，那里的空调，又过于凉快了，需要多带一件外套。在美国大学里，学生的活动中心，是特别的建筑，一般都会十分宽阔和讲究，仿佛它是大学的一个窗口。芝加哥大学的学生活动中心是一幢古色古香的大楼，楼上楼下有很多房间，房间里有沙发和座椅，学生可以在那里学习休息，也可以在那里的餐厅用餐。那里的餐厅，宽敞而高大，彩色的玻璃窗，圆圆的拱顶，都会让人觉得实在太像教堂，却是学生的餐厅。那里的饭菜要照顾不同国家学生的口味，有西餐，也有墨西哥和印度饭菜，没有中餐，印度菜中的咖喱鸡可以代替。

活动中心后面是一座小花园，有一个下沉式的小广场，还有一个小池塘，夏天的水面绣满斑斓的浮萍，开着几朵睡莲，像一幅莫奈的画。最漂亮的是它的一排花窗，夏天爬墙虎会沿着窗沿爬满，殷勤地为每一扇窗镶嵌上绿花边。我常坐在窗前的椅子上胡思乱想，偶尔也为窗子和爬墙虎画画，有时窗下会停几辆学生的自行车，有的车没有放稳倒下了，能感觉那个学生的匆忙和粗心，成为了画面里生动的点缀。

冬天的芝加哥，肯定比北京冷。芝加哥号称风城，频频的大风一刮，路旁的枯树枝醉汉一样摇晃，真的寒风刺骨。但是，大雪中的校园很漂亮。甬道上，楼顶上，树枝上，覆盖着皑皑白雪，校园如同一个童话的世界。校园里有好几座教堂，我特别喜欢走到校园的一座教堂前，教堂全部都是用红石头垒砌，我管它叫作红教堂。

在白雪的映衬下，红教堂红得如同一朵盛开的红莲。

我还喜欢到校园北边和东边去，北边有一个叫作华盛顿的公园，树木茂密，游人很少，很幽静。离公园不远一片深棕色的楼房里，奥巴马就曾经住在那里。那年，奥巴马当选美国总统的时候，芝加哥大学不少学生围在这里狂欢。东边紧靠着密歇根湖，湖边是一片开阔的沙滩。春天可以到那里放风筝，夏天可以到那里游泳。蔚蓝的湖水，像是芝加哥大学明亮的眼睛。

有时候，我会到校园里的书店转转。有一个叫作"鲍威尔"的二手书店，店不大，书架林立，有点儿密不透风，但分类明显，很好挑书。这里的书大多是从芝加哥大学教授那里收购的，大多是各个专业方面的学术类的书籍。他们淘汰的书，像流水一样循环到了这里，成为学生们最好的选择。那些书上有老师留下的印记，可以触摸到老师学术的轨迹，读来别有一番味道和情感。

今年的春天，我在芝加哥乘飞机回国，专门提前一天到的芝加哥，为的就是到那里的校园转转。两年未到，校园里有一些变化，体育场和体育馆在维修，连接老图书馆的新馆建成了，阳光玻璃房，冬阳下，在那里读书会很舒服，书上会有阳光的跳跃。过活动中心，马路的斜对面，一幢老楼完全装饰一新，是神学院。

大概是周末的缘故，里面的人不多，教室和会议室里静悄悄的。最漂亮的廊墙上的浮雕，窗上的彩色玻璃，每一座浮雕，每一扇窗子，都不尽相同，古色古香，静穆安详，让人想起遥远的过去。

美国著名建筑家莱特设计的罗比住宅的旁边，新开张一家法国咖啡馆，名字叫作"味道"。我进去喝了一杯法式咖啡，喝惯美式咖啡，会觉得那里的杯子太小，但里面的人却很多，每个人都守着一杯那么小的咖啡，意不在喝。坐在我旁边的一位美国学生，手里拿着一摞打印好的材料在学，我瞄了一眼，是资治通鉴的中文注释。

窗外对面坐在一对墨西哥的男女学生，不知在热烈交谈什么。外面有很多木桌木椅，夏天，一定会坐满人，树荫下，会很风凉，让校园多了一道风景。

当然，我又去了一趟美术馆。这里是我每次来这里的节目单上必不可少的保留节目。芝加哥大学的美术馆可谓袖珍，但藏品丰富，展览别致。这次来，赶上一个叫作"记忆"的特展。几位来自芝加哥的画家，展出自己的油画和雕塑作品之外，别出心裁地在展室中心摆上一张桌子和一把椅子，桌上放着一个本子，让参观者在上面写上或画上属于自己的一份记忆。然后，将这个本子收藏并印成书，成为今天展览"记忆"的记忆。

这是一个有创意的构想，让展览不仅属于画家，也属于参观者。互动中，让画家的画流动起来，也让彼此的记忆流动起来。我在本上画了刚才路过图书馆时看到的甬道上那个花坛和花坛上的座钟。它的对面是活动中心，它的旁边是春天一排树萌发新绿的枝条。我画了一个人在它旁边走过。那个人，既是曾经在这里求学的儿子，也是我。然后，我在画上写上"芝加哥大学的记忆"。那既是儿子的记忆，也是我的记忆。

布拉格寓言

在捷克首都布拉格，维谢赫拉德公园是一道著名的景观，当年音乐家斯美塔那在他闻名天下的交响组诗《我的祖国》里，第一首就是以它的名字为题的"维谢赫拉德"。如今，它是有名的名人公墓，也是一座美丽的公园，位于伏尔塔瓦河的西岸。人们站在那里，布拉格在脚下一览无余，气势确实不同凡响。

走出墓地，门前有一丛小树林，林边有三根圆柱形的、长短不一的柱子，交叉斜依在一起，很随便的样子，仿佛走累的游人相互背靠着背、肩搭着肩在歇息。一般不注意，谁也不会想到它们是什么东西，很容易忽略它们而走开。我们的翻译鲁碧霞小姐拉住了我们，告诉我们如果维谢赫拉德公园是布拉格的一景，它们就是维谢赫拉德公园的一景，并要我们猜这是三个什么东西。我们谁也没猜出来。她告诉我们是三根蜡烛，传说为考验一个从罗马跑到这里来的牧师（大概也是如我们一样到这里来游玩的），魔鬼特意在这里点燃了三根蜡烛，如同我们这里的人逢庙就烧香磕头一样，牧师立刻对着蜡烛虔诚地念起了弥撒。魔鬼大概并不相信他念的是否是真经，打断牧师的经文对他说："蜡烛不灭的时候，你如果能跑回罗马，到了罗马你可以得到钱，也可以得到灵魂，你想要什么？"牧师说得痛快也实在："我要钱。"魔鬼一听大怒，把蜡烛立刻吹灭插进土里，蜡烛就成了现在这个样子：三根东倒西歪的石柱。

其实，钱并不是什么罪恶，生活的提高，社会的发展，人的生存，离开了钱，都玩不转。从某种程度来看，钱是财富的替代象征，是能力的物化标准，是时代进步的"凯旋门"。令魔鬼无法忍受的是，在钱和灵魂的对比面前，牧师竟然毫不犹豫地就抛弃了灵魂而选择了钱。如此赤裸裸，灵魂都不要了，为了钱而疯狂，堕入钱的地狱；对钱格外膜拜，让道德向钱出卖贞操；对钱格外狂妄，让信仰向钱举起白旗。这样得到的钱，在魔鬼看来，比魔鬼还要可怕。

多少年过去了，魔鬼的担忧，并没有得到多少的改观。曾经有过这样令人沮丧的例子，发生在宁波，警察要去抓捕赌徒，赌徒在大街上将十万元赌资天女散花般全部抛撒出去，过往的行人立刻蜂拥而至，如鹅伸长了脖子面对从天纷纷而降的钱票子，短短不到几分钟的工夫，十万元钱被一抢而空。我们怎么可以责骂那位跑去罗马是为了要钱的牧师？要是魔鬼给我们同样的机会，我们和牧师的选择难道会不一样吗？我们跑向罗马的劲头和速度会比牧师差多少吗？

魔鬼的愤怒，是情有可原的。人们靠金钱创造幸福，世界靠物质积累而得到进步的同时，偏偏容易忘记：在貌似金碧辉煌的金钱之上，还有马克思所说的至今并没有过时的人类的良心和名誉。魔鬼所要求的比金钱更重要的灵魂，依然是今天我们做人起码的标准和底线。这样的要求并不过分，可我们已经越来越不相信灰姑娘一类的清贫的童话，也不再相信周粟一类清高的传说。于是，穷惯了、穷怕了、对钱鄙薄太久了、批判得太多了的人们，一下子跳到另一极端，对钱有了一种久违的亲近感，人们钱眼大开、心眼大开，当然便不是什么奇怪的事情。

看来，维谢赫拉德的魔鬼已经彻底地看透了，人抵抗不住金钱的诱惑，人的灵魂已无可救药，才如此怒不可遏地将这三根蜡烛化为了三根石柱，成为了人们的醒世恒言。

事实上，这三根圆柱是根据阳光在它们身上折射的光线不同来计算时间的，很像我们的日晷。

将它们立在维谢赫拉德公园墓地门前的死人与活人之间，立在逝去的光阴与现在的时间之间，是魔鬼有意在布拉格给予我们的一个寓言。在吃多了、吃腻了、吃惯了甜腻腻的东西之后，我们需要魔鬼这样骨鲠在喉的、尖锐一些的东西。在数多了数惯了数得满手脏兮兮的钱票子之后，我们需要魔鬼这样愤怒的警告和诫示。

当你穷困潦倒的时候

到纽约，我在格林尼治很想找到一个名叫"问号瓦"的酒吧，这是一个古怪的店名。由于人生地不熟，时间又匆忙，可惜，我没有找到。

鲍伯·迪伦曾经住在这间酒吧的地下室里。

像许多不安分的年轻人一样，鲍伯·迪伦离开家乡北明尼苏达的梅萨比矿山，来到纽约，住在这里一间肮脏而潮湿的屋子里。那是他二十岁的寒冷的冬天。在楼上酒吧里，他用口琴为人家伴奏谋生，过着朝不保夕的日子。就像现在那些居住在我们北京郊区农民房子里或蜷缩在城里楼房地下室里的"北漂一族"一样，让心中音乐的理想之花开放在一片近乎无望的阴暗潮湿和寒冷之中。

有一天，鲍伯·迪伦看见"煤气灯"酒吧的著名歌手范·容克（Dave Van Ronk）披着一身雪花突然走进来了。在当时，鲍伯·迪伦师出无名，范·容克可已经是大腕。他极其崇拜范·容克，在来纽约之前，他就听过范·容克的唱片，而且像现在我们很多模仿秀的歌手一样，对着唱片一小节一小节地模仿过他的演唱。鲍伯·迪伦曾经这样形容范·容克："他时而咆哮，时而低吟，把布鲁斯变成民谣，又把民谣变成布鲁斯。我喜欢他的风格。他就是这个城市的体现。在格林尼治，范·容克是马路之王，这里的最高统治者。"

人高马大的范·容克意外而突然出现在"问号瓦"酒吧，让鲍伯·迪伦异常惊异和激动，一时不知该如何是好，只是远远地站在一边看着范·容克。他看见范·容克抖落身上的雪花，摘下手套，指着挂在墙上的一把吉布森吉他要看。酒吧里的人立刻把吉他取下来给他看，就在他看完并拨弄几下琴弦之后，显得不大满意转身要走的时候，鲍伯·迪伦鼓足了勇气，一步上前，"把手按在吉他上，同时问他如果要去'煤气灯'工作，该找谁？……范·容克好奇地看着我，傲慢、没好气地问我做不做门房。我告诉他，不，我不做，而且他可以死了这条心，但我可不可以为他演奏点什么。"

这一段，是功成名就之后鲍伯·迪伦在自传里写的话，足见那时他的自信，而非事后的修饰或改写。

他们就这样认识了。他的自信，让范·容克留了下来，听听这个愣头青要弹些什么。那天，鲍伯·迪伦为范·容克演奏了一曲《当你穷困潦倒的时候没人认识你》。这曲子选得非常有意思，颇具象征意味。它既像一种自嘲，也像一种暗示，甚至是挑战，充满弦外之音。不知是他有意的选取，或无意中的巧合，还是随意中抛出的一枝邀宠的橄榄枝抑或是心存挑战的带刺的玫瑰？在鲍伯·迪伦的自传里，没有写。

范·容克听完这支曲子之后，面无表情，没有说什么。但是，从范·容克的眼神里，鲍伯·迪伦已经听见范·容克在对他说："小伙子，当你穷困潦倒的时候，不是没人认识你！"

鲍伯·迪伦便从"问号瓦"走到了"煤气灯"，开始了和范·容克一起演唱的生涯。他每周可以有六十美金的周薪，这是他来纽约之后第一次有了相对稳定的收入。这个坐落在麦克道格街上在二十世纪五十年代首屈一指的酒吧，将带着他改变命运。

第一天晚上，他去那里演唱，在走向"煤气灯"的半路上，他在布鲁克街一个叫米尔斯的酒馆前停了下来，走进去先喝了点酒，镇定一下自己的情绪。他毕竟有些激动。对于一个二十岁的年轻人，面对即将到来的命运转折，激动是可以理解的。

但是，想一想，这样命运的转折，仅仅是范·容克给予他的吗？如果命运中没有范·容克出现呢？或者根本就没有范·容克这个人呢？又会怎样呢？换句话说，如果仅仅有范·容克这么一个大腕，而没有年轻时才会有的勇气、自信和漂泊闯荡，他还是蜗居在家乡北明尼苏达的梅萨比矿山里，能够有这样命运的转折吗？如果没有在底层的学习磨炼，包括对着范·容克唱片一小节一小节地仔细而刻苦的模仿，能够有这样命运的转折吗？如果说勇气和自信是一只翅膀，刻苦的学习磨炼和长时间的坚持积累，又是一只翅膀，才可以让命运如鸟而并非如蚊蝇一样盲目地飞撞，才可以在你穷困潦倒的时候，在不期之遇中得以振翅飞翔，曾经付出的一切痛苦和磨难，才会如丛生的荆棘最后编织成的花环。

"出了米尔斯酒馆，外面的温度大概是零下十度。我呼出的气都要在空气中冻住了。但我一点也不觉得冷。我向那迷人的灯光走去……我走了很长的路到这里，从最底层的地方开始。但现在是命运显现出来的时候了。我觉得它正看着我，而不是别人。"鲍伯·迪伦在自传中这样说。这里说的"走了很长的路"和"从底层的地方开始"，我以为就是命运这只大鸟能够最终飞翔的一对翅膀。

在纽约，在格林尼治，我没有找到"问号瓦"的酒吧。我找到了鲍伯·迪伦，年轻时候的鲍伯·迪伦，还有年轻时候的我自己。

罗西尼牌牛肉

在音乐家之中，斤斤计较金钱的，罗西尼和理查·施特劳斯是最著名的两位。

在罗西尼生活的时代，作曲家已经不再如巴赫和贝多芬那时穷困潦倒，曲谱能够立刻换来大把大把的银子，音乐同女人漂亮的裙子和男人剽悍的坐骑一样，成了畅销的商品。罗西尼就是这样把自己的艺术毫不隐讳地当成商品的作曲家，他直言不讳地把自己的作品和钱画起等号。

两者交换的关系如此赤裸裸，不是会让艺术跌份吗？但他不怕。这和他童年艰苦的生活有关，他常常回忆起爸爸当年给人家当小号手时的卑微，自己跟随妈妈的草台子剧团到处流浪的艰辛。钱对于他曾经是那样的渴望，因此当钱真的攥到手里的时候，罗西尼对钱的感觉和感情与众不同。

晚年，瓦格纳拜访他时，他忍不住对瓦格纳算过这样一笔账：他花十三天写完了《塞尔维亚理发师》，拿到的头一笔稿费是一千三百法郎，合一天一百法郎，而父亲那时辛辛苦苦吹一天小号的报酬，是区区两个半法郎。

不要责备罗西尼，那是他真情的流露。他很看重这一点，他念念不忘童年的悲惨经历，他要把那时的损失加倍地找补回来。他不是那种为艺术而艺术的音乐家，他绝不故作清高，他看重市场，因为这会给他带来好的效益。这一点，他像是一个在集贸市场上斤斤计较的小商贩。

我觉得这样说罗西尼并不会冤枉他。1816年，随着《塞尔维亚理发师》的走红，他已经彻底脱贫。但是，在1820年，二十八岁的他还是和比他大七岁的歌剧女演员伊萨贝拉结了婚。伊萨贝拉是当时他所在圣·卡洛歌剧院的首席女高音，爱上了他这样一个从肉铺和铁匠铺来的穷小子，是看上了他的才华，才不吝闻到了他身上的肉和铁屑混杂的味道；他看上的绝不是已经三十五岁衰退的姿色，而是人家身后每年两万法郎的收入，而且还有一幢在西西里的豪华别墅。其实，那时，他已经并不缺钱，却还要肥肉添膘，他就如同一个暴发户一样，钱已经不仅仅是为了花，而成了一种占据自己心理空间的象征。

所以，罗西尼的后半生没有再写什么歌剧，而是以吃喝玩乐著称的，他有的是钱，可以随意挥洒，来补偿一下童年的凄惨了。

只是，他玩得并不那么高雅，有点像是今天我们见惯的土大款。他在波伦亚乡村养猪，采集松露，还如我们这里的歌手在北京开餐馆一样，在巴黎开了一家名为"走向美食家的天堂"的餐厅，他亲自下厨，练就一手好厨艺替代了当年作曲的好功夫，他吃得脑满肠肥，他玩得乐不思蜀。

据说，当时，他的拿手菜是一道名为"罗西尼风格的里脊牛肉"，足以和他的《塞尔维亚理发师》齐名。当时流行的不再是罗西尼的音乐，而是他有关"罗西尼美食主义"的名言，他说："胃是指挥我们欲望大交响曲的指挥家。""创作的激情不是来自大脑，而是来自内脏。"想也许这就是罗西尼真实的一面，这些匪夷所思的事情也不足为奇了，他怎么还能够拿起笔来再写他的歌剧呢？

在罗西尼的晚年，爱戴他的人们筹集巨额资金，准备在米兰为他塑一尊雕像，建一座纪念碑。他听到这个消息后说："只要他们肯把这笔钱送给我，我愿意在有生之年，每天都站在市场旁的纪念碑的石台子上。"

我想这绝对不是他的玩笑话，如果真的把钱都给了他，他是会站在那石台子上去的。如果有人肯再出一些钱的话，他甚至还会在那里整天卖他的罗西尼牌牛肉呢。

我们都是小小的土块

到巴黎，我在奥赛美术馆里整整待了一天。那里有我太多喜欢的画家。米勒是其中一位。站在他的名作《拾穗者》前，比看印刷品要清晰而丰富。它的画幅不大，给予我的震撼却如弥漫的音乐一般，持久难散。

那三位在如火的烈日炙烤下弯腰拾穗的妇女，逆光中，我几乎看不见她们脸上的表情，只能看到她们手里和地上零落的谷穗以及她们身后的谷垛和远处的天光云色。没有我们画展上常见的那种丰收喜悦的金黄一片的谷穗荡漾，它的色彩是暗淡的，唯一的亮色，是三位妇女头上戴着的蓝、红、褐色的头巾。那颜色不是为生活的点缀或主题的升华，而是秉承着米勒一贯的主张：必得汗流满面，才能糊口为生。这样的主张，是极其朴素的，却是米勒一生艺术生涯的支撑。

对比我们的绘画，从中可以看出明显的差异。罗中立的《父亲》，画的也是农民，也是对于这样在土地上艰辛劳作的农民的情感表达。我们更愿意着力于面目皱纹细微的刻画，将土地遥远而且比艰辛更为复杂和丰富的感情背景，隐约或推向在画面之外。我们也更愿意替父亲的耳朵上夹一支圆珠笔，人为地进行主题的升华和现实主义的深化。

画《拾穗者》那一年，米勒已经四十三岁。作为一个画家，这不是一个小的岁数了，在巴黎，他却还籍籍无名。那一年，他从家乡诺曼底的乡下来到巴黎，已经整整二十年了。他早已经无钱居住在房租昂贵的巴黎城里，像当时和如今很多流浪画家一样，搬离城市，到巴黎南郊的巴比松乡下，租住一间东倒西歪但便宜的茅屋，是他命定的选择。他就是在这里画下了这幅他自己最满意的《拾穗者》。他每年都把这幅画送到巴黎沙龙，希望能够参展，能够给他艰辛生活中一点安慰。那是当时画坛的权威，指挥并规范着这些出师无名画家的命运。只是，每一年，《拾穗者》都被退回。巴黎美术界那些高高在上的权威们，指责他画的那三个拾穗者丑陋粗俗、面容呆滞，是三个田里的稻草人。他们嘲笑米勒是个土得掉渣儿的乡巴佬。

这样摩肩接踵的嘲讽和贬斥，这样一次又一次的失败，没有让米勒灰心。他知道自己的画作，不符合当时巴黎贵族的口味，那些戴着白手套、端着香槟酒、跳着优雅华尔兹的贵族老爷们，是看不起弯腰拾穗和躬身扶犁、一脸汗水一脚泥巴的农民的。他犯不上为了迎合他们，改变自己的风格，进而改变自己的内心。面对命运的选择，他选择了失败；面对这些污水如雨倾泻而来的非议和一次又一次残酷的失败，他说："我绝不会屈从，我绝不让巴黎的沙龙艺术来强加在我的头上。你们说我是一个乡巴佬，我就是一个乡巴佬，我生是一个乡巴佬，死也是一个乡巴佬。"

《拾穗者》的画面都是静穆的，有着古典主义的风格，却和传统的古典主义不尽相同，它给予我的是现代的感觉，靠近的不是遥远的天堂或虚构的世界，而是有着泥土气息的地面，是真正的田野，不是涂抹鲜艳颜色粉饰后或剪裁过的田野。最初，我看到的是，那种在田间艰辛劳作的农民日复一日的疲惫、沉沦，甚至是无奈得有些麻木。后来，我看到，米勒画的农民，是沉默的，隐忍的。他们的劳作既是艰辛的，又是专心致志的；他们的心里既是枯寂的，又是心无旁骛的。我会感到那来自最底层的情感，那种情感，既是脸朝黄土背朝天的，是艰辛的，又是对于土地的血肉相连的，是亲近的，是米勒自己说过的一种在艰辛劳作中所能够表现出来的诗情。这样的诗情，如今在我们的绘画中已经很难看见，在我们欲望横流的世界，就更难看见。

《拾穗者》创作于 1857 年，距今整整 160 年。160 年前的画面，至今还能让我们感动，就是因为有这样的感情，这样的诗情，而有的不仅是社会学的，不是为了表达对农民的不平和不公的愤怒。米勒不是农民的代言人，他只是抒发了对农民和土地之间更为宽厚的感情和诗情。这种感情和诗情，便能够超越时代，而让我们后代人共鸣，那些画面中的农民，不仅是我们的父辈，也是同样在艰辛跋涉中付出过汗水也寄托着希望和诗情中的我们自己。如同米勒最喜爱的画家米开朗琪罗曾经说过的一句话："我们大家只不过是慢慢地有了生气的土块。"我觉得米开朗基罗说得特别的好，在命运的拨弄下，我们都不过是这个世界上一块小小的土块。"乡巴佬"米勒更是，只不过，我们可能再怎样慢，也还没有让自己的这块小小的土块有些生气；而米勒则用他的画笔，让自己的这块小小的土块有了 160 年来长久不衰的生气。

2017 年 3 月 22 日于北京

提香色是一种什么颜色

　　自古出名的画家有两种，一种爱钱甚于艺术，一种爱艺术甚于钱。文艺复兴时期意大利画家提香，属于前者。起码在当时的画家之中，没有比提香更嗜钱如命的了。钱，是他唯一的信仰。那时候的人们，不客气地批评他是一个不信教的教士，是一个不愿意祈祷的人。

　　不像梵·高一样的画家死后作品价值连城，但生前生活潦倒，提香在世时早就富可敌国，可比王公贵族。他为罗马帝国国王查理五世画的一幅肖像，得到的钱买下了威尼斯一座亲水豪宅。因得到帝王宠爱，从此，他的人生就开了挂①，找他来画肖像的王公贵族络绎不绝。

　　按理说，他并不缺钱花。但是，仅靠卖画赚钱，他并不满足，还要见缝就钻，挤进政府部门担任个职务，脚踩两条船，官府江湖通吃。他在威尼斯海关担任职务，每年的薪金一分不少，年年拿，一天班却没有上。他与海关的交换条件是，为市政大厅画满一幅壁画。可是，过去了二十一年，提香也没有画上一笔。一直到海关愤怒了，命令他必须赶紧完成壁画，否则，不能再让他吃空饷。

　　爱财如命的提香，虽然已经腰缠万贯，还是舍不得让自己这笔薪金旁落。他为市政大厅画出了这幅壁画，便是他的名作《卡道莱之战》。这是一个史诗性的历史题材，被提香处理得惊心动魄，为

---

① 开挂：网络流行语，语义近似于"超常发挥""超水平表现"。

世人所惊叹。作为威尼斯画派的领军人物，提香有这样的本事，无论宗教题材，还是历史题材，或是世俗题材，他都能够处理得得心应手。这样的本事，让他成为威尼斯长盛不衰的一棵老树，赚得盆满钵溢。但他并不满足，并没有想就此收手，颐养天年。只要有一分钱的赚项，他依然会伸出他那如枯枝纵横的老手，握住一只他胜过千军万马的画笔。

八十多岁的提香，还在精力充沛地不断接活儿。威尼斯，乃至整个意大利那些贵妇，舍得一掷千金，慕名而来，请提香为她们画像。那个时期，上至国王王后，下至王公贵妇，都喜欢画家为之画像。提香将这些贵妇的心思揣摩得透透的，为了多赚她们腰包里的钱，在为这些年老色衰或本来就丑陋不堪的贵妇画像的时候，他会巧妙地施展小小的策略，把她们画得好看一些，年轻一些，光彩照人一些。

对于提香来说，这不是什么难事。他在为西班牙的菲利普国王——这个长得矮小丑陋且是罗圈腿的"混世魔王"画像的时候，特意把他画得英俊一些，尤其是把他的罗圈腿遮掩起来。画像画好，连菲利普的未婚妻都觉得画得比本人好，她带有揶揄的口吻风趣地说："尽管我无法容忍这个人，但我喜欢这幅肖像画。"

早些年，提香还画过一幅画，是日后有名的《乌尔比诺的维纳斯》。他将女神维纳斯从云端请入家中，躺在家中的床上，和公爵夫人进行了穿越式的嫁接和置换。他让维纳斯富于了人间烟火气。同时，他赋予了乌尔比诺伯爵夫人维纳斯一样的神性，画面那么美好，充满画外之意的想象。然后，他心满意足地赢得了为数可观的金钱。

晚年的提香更爱用一种金橙色，为这些贵妇造像时增添光彩。这是提香创造出的一种能够点石成金的神奇色彩。后来，人们称这种漂亮的色彩为"提香色"。提香色，当时为那些贵妇的脸上增添了不少笑容，也为提香的钱袋里增添了不少金币。提香色，可以让艺术降格，趋奉权势，臣服金钱。在提香那里，提香色，其实就是金钱闪烁之色。

关于提香，最搞笑的事情，发生在他临终之前。1575年，一场瘟疫席卷威尼斯，城内死亡者成千上万。垂垂老矣的提香，自知命危旦夕，难逃此劫，便开始着手后事安排。他首先想的是应该先找好墓地。别看提香此时灯油将要熬尽，命悬一线，但思维活力不减，居然突发奇想，找到天主教芳济会管辖的一个教堂，对牧师说，你如果能够免费给我一块墓地，我愿意给你们画一幅宗教题材的油画。牧师同意了他的这个交换条件。

他为教堂画了一幅圣母抱着死去的耶稣的油画，这便是有名的《圣母哀悼耶稣》。画完之后，提香忽然又想，这么好的画，如果我不给他们，拿着画作为筹码，跟他们讨价还价，能不能跟他们多要一点面积的土地，作为我的墓地？他真的就跟牧师讨价还价，牧师看着这个风烛残年的老头儿，临死之际，还在如此斤斤计较，锱铢必究，不知是出于敬重，还是可怜，或是不愿意再跟一个垂死的老人纠缠，答应了他的要求，多给了他一点儿土地。

他心满意足了。提香一生都是用画和别人做交易，这是他人生最后的一笔交易。

没过多久，第二年到了，瘟疫卷土重来，这一次比上一次还要厉害，威尼斯全城人死了一半。不幸的是，这一半人中包括了声名显赫、腰缠万贯的提香。他躺在为自己多要了一点儿土地的墓地里，可以心安理得地舒展一下腰身。只是墓地里灰土灰脑的，再没有了耀眼的提香色。

后浪德彪西

　　遥想当年，法国音乐家德彪西也属于"后浪"。十九世纪末，欧洲乐坛的天下，属于气势汹汹的瓦格纳和他的追随者布鲁克纳、马勒，以及同样不可一世的勃拉姆斯等人所共同创造的不可一世的辉煌。敢于不屑一顾的，在那个时代，大概只有德彪西。那时候，德彪西口无遮拦，曾经说过如此狂言："贝多芬之后的交响曲，未免都是多此一举。"他同时发出这样激昂的号召："要把古老的音乐之堡烧毁。"

　　这才真正像个"后浪"。"后浪"，从来冲岸拍天，不会作春水吹皱的一池涟漪。

　　我们知道，随着十九世纪后半叶瓦格纳和勃拉姆斯这样日耳曼式音乐的崛起，原来依仗着歌剧地位而形成音乐中心的法国巴黎，已经风光不再，而将中心的位置拱手交给了维也纳。德彪西开始创作音乐的时候，一下子如同《伊索寓言》里的狼和小羊，自己只是一只小羊，处于河的下游下风头的位置，心里知道如果就这样下去，他永远只能喝人家喝过的剩水。要想改变这种局面，要不就赶走这些已经庞大的狼，自己去站在上游；要不就彻底把水搅浑，大家喝一样的水；要不就自己去开创一条新河，主宰两岸的风光。

　　同时，我们也要看到，在当时法国的音乐界，两种力量尖锐对立，却并不势均力敌。以官方音乐学院、歌剧院所形成的保守派，以僵化的传统和思维定式，势力强大地压迫着企图革新艺术的年轻音乐家。

德彪西打着"印象派"大旗，从已经被冷落并且极端保守的法国，向古老的音乐之堡杀来了。在这样行进的路上，德彪西对挡在路上的反对者极端而直截了当地宣告："对我来说，传统是不存在的，或者，它只是一个时代的代表，它并不像人们说的那么完美和有价值。过去的尘土不那么受人尊重的！"

我们现在都把德彪西当作印象派音乐的开山鼻祖。"印象"一词最早来自法国画家莫奈的《日出印象》，当初说这个词时明显带有嘲讽的意思，如今这个词已经成为艺术特有一派的名称，成为高雅的代名词，标签一样随意插在任何地方。最初德彪西的音乐，确实得益于印象派绘画，虽然德彪西一生并未和莫奈见过面，艺术的气质与心境的相似，使得他们的艺术风格不谋而合，距离再远，心是近的。画家塞尚曾经将他们两人做过这样非常地道的对比，他说："莫奈的艺术已经成为一种对光感的准确说明，这就是说，他除了视觉别无其他。"同样，"对德彪西来说，他也有同样高度的敏感，因此，他除了听觉别无其他。"

德彪西最初音乐的成功，还得益于法国象征派的诗歌，那时，德彪西和马拉美、魏尔伦、兰坡等诗人密切接触（他的钢琴老师福洛维尔夫人的女儿就嫁给了魏尔伦），他所交往的这些方面的朋友远比作曲家的朋友多，他受到他们深刻的影响并直接将诗歌的韵律与意境融合在他的音乐里面，更是人所共知的事实。

德彪西是一个胸怀远大志向的人，却和那时的印象派的画家和象征派的诗人一样，并不那么走运。从巴黎音乐学院毕业之后，他和许多年轻的艺术家一样，开始了没头苍蝇似的乱闯乱撞，落魄如无家可归流浪狗一样在巴黎四处流窜。但这并不妨碍他指点江山，激扬文字，粪土当年万户侯。生活的艰难、地位的卑贱，只能让他更加激进，和那些高高在上者、尘埋网封者决裂得为所欲为。他所树的敌大概和他所创作的音乐一般多。

我们可以说德彪西狂妄，他颇为自负地不止一次地表示了对那些赫赫有名的大师的批评，而不再如学生一样对他们毕恭毕敬。他说贝多芬的音乐只是黑加白的配方；莫扎特只是可以偶尔一听的古董；他说勃拉姆斯太陈旧，毫无新意；说柴可夫斯基的伤感太幼稚浅薄；而在他前面曾经辉煌一世的瓦格纳，他认为不过是多色油灰的均匀涂抹，嘲讽他的音乐"犹如披着沉重的铁甲，迈着一摇一摆的鹅步"；而在他之后的理查·施特劳斯，他则认为是逼真自然主义的庸俗模仿；比他年长几岁的格里格，他更是不屑一顾地讥讽格里格的音乐纤弱，不过是"塞进粉红色雪花的甜品"……他口出狂言，雨打芭蕉般几乎横扫一大片，雄心勃勃地企图创造出音乐新的形式，让世界为之一惊。

如今，我们认识了德彪西，听过他著名的管弦乐前奏曲《牧神午后》等好多好听的乐曲。但在当时，德彪西只是一个被"前浪"鄙视、训导、引领的"后浪"。

如今，法国当代著名作曲家皮埃尔·布列兹这样评价这个"后浪"："正像现代诗歌无疑扎根于波特莱尔的一些诗歌，现代音乐是被德彪西的《牧神午后》唤醒的。"

毕业歌

在二十世纪五十年代中期，我们大院里陆陆续续搬进好多新住户。好多是从农村来的，都是些出身贫寒的人家。租住的房子，是大院里破旧或其他废弃的房子改建的，房租仨瓜俩枣，没有多少钱。那时候，我们大院的房东，心眼儿不错，可怜这些人，旁人一介绍，就住进来了。

那时候，玉石和他的爸爸妈妈住进我们大院，房子是用以前的厕所改建的。我们什么时候到他家去，地上都是潮乎乎的，总觉得有股子臭味儿。但是，玉石觉得这里比他们家以前在农村住的好多了，关键是，离学校近，这让他最开心。他对我说过，在村里上学，每天得跑十几里的山路。

玉石搬进来那一年，读小学六年级，来年就要读中学了。这是他家决心从农村搬进北京城的一个主要原因。如果读中学，玉石就要到县城去，那就更远了。玉石学习成绩好，他爸爸说，就是砸锅卖铁，也要供玉石读中学，然后上大学。那时候，上大学，对于我是一件遥远的事情，但和玉石在一起，天天听他念叨，便也成为我一件特别向往的事情了。

玉石的爸爸在村里是泥瓦匠，有手艺，到了北京，很快就在建筑工地找到了活儿。房子虽然是厕所改的，一家人的日子却过得其乐融融。就是玉石像豆芽菜一样，显得瘦小枯干，虽然比我大三岁多，长得还没有我高。记忆最深的是，有一次我们房东太太好心地对玉石的妈妈说："你家孩子这是缺钙呀！"玉石妈妈连忙摆手说："我们家玉石不缺盖，家里的被子絮的棉花挺厚的。"

我们大院里好多街坊，都像房东一家关心玉石家，不仅因为两口子待人和气，关键是心疼玉石，玉石学习确实棒，小学毕业以全校第一的成绩考入汇文中学，更是让人们的心偏向玉石。并且，家家都拿玉石做榜样，催促自己孩子好好学习。我爸爸就是最有代表性的一个，几乎天天对我说："你瞧瞧人家玉石是怎么学的，你得向玉石一样，也得考上汇文！"

三年后，我也考上了汇文中学。玉石又考上了汇文的高中。这时候，全院开始以我们两人为骄傲。这是 1960 年的秋天，自然灾害和人祸一起搅裹，饥饿蔓延，家家吃不饱肚子。冬天到来的时候，玉石的爸爸从工地的脚手架上摔了下来，当场没了气。事后，从玉石妈妈的哭丧中，人们才知道，玉石的爸爸是把粮食省下来让玉石吃，自己尽吃豆腐渣和野菜包的棒子面团子，天天在脚手架上干力气活，肚里发空，头重脚轻，一头栽了下去。

玉石是个懂事的孩子，爸爸走了，妈妈没有工作，他不想再上学了，想去工地接他爸爸的班。工地哪敢要他？背着书包，他不是去学校，而是瞒着他妈妈，天天去别的地方找活儿。一直到我们学校里的老师到家里找来了，是他班主任丁老师，一个高个子教物理的老师。玉石没在家，还在外面跑呢。丁老师对玉石妈妈说："玉石学习成绩一直很好，是个读书的材料，这么下去，就可惜了，您要劝劝他。学校也会尽力帮助的。咱们双管齐下好吗？"

玉石妈妈没听懂双管齐下是什么意思，等玉石回来，只是一把鼻涕一把眼泪地对玉石说："孩子呀，你爸爸为啥拼着命从村里到北京来？又为啥拼着命干活儿？还不就是为了让你好好上学？你这说不上学就不上学了，对得起你爸爸吗？"

玉石又开始上学了。有一天放学，在学校门口，我碰见了他。

他显然是在校门口等我半天了。他要我跟着他一起去一个地方，我虽然很敬佩他的学习，毕竟比他低三个年级，平常很少和他在一起，不知道他要我跟他去干什么。

我跟着他一直走到东便门外，那时候，蟠桃宫还在，大运河也还在，顺着河沿儿，我们一直走到二闸，这是我第一次去这个地方，人越来越少，已经是一片凄清的郊外了。他带着我走到了一个废弃的工地上，这时候，天擦黑了，暮霭四起，工地上黑乎乎的，显得有些瘆人。他悄悄对我说："你就在这里帮我看着，如果有人来了，你就跑，一边跑，一边招呼我！"他这么一说，让我更有些害怕，不知道他要做什么。不一会儿，就看见他从工地上拉出好多钢丝，还有铜丝，见没人，拽上我就跑，跑到收废品的摊子前，把东西卖掉。他分出一部分钱给我，我没要，我知道，这也是没办法的事，他妈妈现在给人家看孩子，他是想用这种办法分担母亲的压力。

终于有一天，我们让人给抓到了。虽然是废弃的工地，但是其中还有不少建筑材料，也有人看守。玉石拉上我就跑，那人追上我们，一把揪着我们的衣领子，像拎小鸡似的把我们抓到他看守的一间板房里，打电话通知我们学校。来的老师，骑着自行车，高高的身影，大老远就看出来了，是玉石的班主任丁老师。那人余怒未消，对丁老师气势汹汹地叫嚷道："你们学校得好好教育这两个学生，明目张胆地偷东西，太不像话了！"丁老师点着头，把我们领走，推着他那辆破自行车，沿着河沿儿，一路没有说话，只听见自行车嘎嘎乱响，我感到我们的脚步都有些沉重。走过东便门，走到崇文门，在东打磨厂口，丁老师停了下来，对我们说："快回家吧。"然后，他从衣兜里掏出了几块钱，塞在玉石的手里。玉石不要，他硬塞在玉石的兜里，转身骑上车走了。走进打磨厂，路灯亮了，我看见玉石悄悄地抹眼泪。

玉石和我再也没有去工地。学校破例给了他助学金，一直到他高中毕业。1963年，他考入地质学院后，和他妈妈一起从我们大院搬走，我就再没有见过他。后来听我妈说，玉石来大院找过我一次，那时，他大学毕业，在等待分配。可惜，我正和同学外出大串联，没能见到他。

前不久，我接到一个从西宁打来的电话，让我猜他是谁。我猜不出来，他告诉我他是玉石。他说他后来分配去了青海地质队，一直住在青海。他说他看过我写的柴达木的报告文学，也知道我弟弟在青海油田工作过。他说他一直生活在青海，他妈妈一直跟着他，一直到去世。他说他退休后在学习作曲，而且出过专辑的唱盘。他笑着对我说："你觉得奇怪吧？我是学地质的，怎么改行了呢？"我说："我是有点儿奇怪，你是跟谁学的作曲？"他说："我是自学的。但也不能这么说，你知道我读高中的时候，教我们数学的是阎述诗老师。"我问："你跟他学的？我知道阎述诗老师曾经为著名的《五月的鲜花》作过曲。"他笑着说："不是，但是，我想阎老师可以教数学又可以作曲，我为什么不能学地质搞勘探又能作曲？"玉石是一个有能力的人，有能力的人，世界在他面前是圆融相通的。

最后，他告诉我，他学作曲，是想为丁老师作一支曲子。那个晚上，丁老师让他难忘，让他感受到世界上难得的理解和温暖。他说，这么多年，只要一想起丁老师，心里就像有音乐在涌动。

我告诉他，丁老师早好多年就已经去世了。他说："我知道了，所以，我想你把我的这番心思写篇文章好吗？我想借助你的文章让人们知道丁老师。过几天，我会把歌寄给你。"

我收到了玉石作的歌，名字叫《毕业歌》。说实在的，曲子一般，但其中一句歌词让我难忘：毕业了那么多年，你还站在我的面前；那个懵懂的少年，那个流泪的夜晚。

又到桂花开放时

又到了桂花开放的季节，我又想起了小雯。忘记了是从哪一年秋天，桂花开时，她开始在信中夹一些桂花寄给我。但肯定是她迈出学校大门、走到工作岗位、长大以后。桂花是一种秋天成熟的花，秋天许多果实成熟时，它才绽放在枝头。从那以后，每年江南桂花盛开的时候，她都不会忘记寄我一些桂花。那花香很是浓郁，未拆信封，便香透纸背，弥漫四周了。

虽然她已经工作了，但还是个孩子。

有多少成年人能有这种类似浪漫的情致呢？也许，只有她这样童心未泯的孩子了。如今，借助现代化的电话和微信，人们连信都懒得写了，元旦或春节，顶多寄一幅画面和贺词千篇一律的贺卡，谁还会想起那三秋桂子，一片秋色？

那一年，小雯十五岁，是江苏常熟的一个中学生，刚上初三，给我写来一封信。那是她写给我的第一封信，她的字娟秀，比一般同年级孩子的字要漂亮得多。大概是这个原因，当然还有她的班主任老师向她推荐了我当时写的一本长篇小说，而这本小说是被好些老师禁止学生看的，为了向她的这位老师表示感谢，我给她回了一封信。我们长达八年之久的马拉松般的通信就这样开始了。

想想，这是一件非常美丽的事情。八年的岁月加起来，是一条长长的河，流过了一段百花盛开的山谷；八年的信件加起来，该比一部长篇小说还要长了，而且，比小说还要真实可靠。我的信大多写得短而匆忙，她原谅我的潦草。她的信写得比我好，不仅文笔好，更好在她的内心世界毫无保留的坦露。她让我感到世上居然还有这样一份真情、这样一份信任，沉甸甸地托付给你，让你做人或者下笔都要珍重一些。即使一时做不到鲁迅先生那样，接到一位电车工人买他书的钱，由于感到他的体温而格外自责，起码别那么信笔由缰。

那时，我们素不相识，从未谋面，但她确实给予我许多，她把她的学习、思想、生活，苦恼、喜悦和幼稚可笑，同父母的矛盾、老师的感情，连同她自己朦胧的初恋……都委婉而细致地写在信笺上。如果将八年来这一封封信连缀起来，是一个女中学生青春期成长的小百科全书。她让我看到今天的年轻人行为、情感、思维的轨迹。她让我想起自己的青春，情不自禁做着对比，便常充满有些显得苍凉的感慨，有时也心生羡慕，甚至嫉妒。

就应该是从她毕业后工作的那一年秋天，她开始每年在信中寄给我一些从她家树下飘落的桂花。一直到她二十三岁那年秋天，她来信告诉我她快要结婚了，她在信中说："以前总觉得婚姻一件很遥远的事，不知不觉它却悄悄向我走来。少女时代总是显得那么美丽而短暂……"她说得有些伤感。我向她祝福的同时，真诚地告诉她："青春不是一棵常青树，该好好珍惜，不要像我们这一代青春只剩下一个痛苦回忆的象征。二十三岁的姑娘，到结婚的年纪了。"

记得是那样得清楚，就在她这封信寄出不几天，她给我打来长途电话，说是忘记在信里告诉我，今年是闰八月，江南的桂花到现在还没开，这封信里没法给我寄去，等桂花一开，她马上给我寄来！她还想着她的桂花呢，只有她这样的孩子还保留着这样透明的心绪。

　　大概是结婚之后，她不再在信中给我寄桂花了。或许，那时她才真正长大了，觉得那有点儿小儿科。

　　前两年的秋天，她出差来北京，到家里来看望我，给我带来一瓶她自己作的糖桂花。她告诉我，是用她家树上的桂花做的。算算，她今年应该四十三四岁了。她的孩子都快到了她当年在信中给我寄桂花的年龄了。日子过得飞快，一代人的青春飞走了，只有在文字中，在桂花里，青春和情谊，绵长又芬芳。

丝棉裤小传

寒冷的冬天又到了。如今的年轻人，谁还穿棉裤呢？有人索性连秋裤和毛裤都不穿了，温度早就让位给了风度。

我年轻的时候，冬天是一定要穿棉裤的。

想起那时候，遥远得如同天宝往事。那时候，北京城里，哪一家没有外出插队的知青呢？孩子都去上山下乡，城里的空巢多了起来。那时候，我家两个孩子，我去北大荒，弟弟去了青海油田，崔大婶家四个孩子，老大早工作结婚，另外两个女儿分别去了内蒙古兵团和山西插队，最小的儿子参军去了甘肃。谁离开家走的时候，不要带上一条棉裤呢？无论塞外还是北大荒，冬天都是天寒地冻。"那里风寒，别落下腰腿病。"我离开北京前到崔大婶家告别时，崔大婶就这样对我说。

崔大婶家，是我家在北京唯一的"亲戚"。其实，只是崔大婶和我的母亲都是河南信阳人，当姑娘时就在一起；崔大叔和我父亲一直在同一个税务局工作。我们一家刚到北京没地方住，就住在崔大婶家，一住多年。崔大婶家是我们的另一个家。特别是我五岁的那一年，母亲突然病故，崔大婶待我更像母亲。去崔大婶家，总会让我涌出分外亲切的感觉。

那时候，崔大婶家只剩下了孤零零的老两口。我再看望他们，只有从北大荒回家探亲的时候了。再一次走进崔大婶家，一种从来没有过的凄凉感，不禁油然而生。坐在客厅里，显得那样得空空荡荡，说话的回音在地板上跳荡着，让我忍不住把话音放低。

记得是那样清晰，是1971年的冬天。那是我到北大荒将近三年之后第一次回北京。从我进门到落座之后，崔大婶的目光一直落在我的腿上。那时，北大荒冷，我穿的棉裤厚厚的，笨重得很，棉花都臃在一起。崔大婶没说什么。临离开北京要回北大荒之前，我去崔大婶家告别，她拿出一条早已经做好的棉裤，让我换上。仿佛要和我身上穿的这条笨拙的棉裤故意做对比似的，那条棉裤又薄又轻。我对崔大婶说："北大荒冷，我穿不上这个！"崔大婶笑着对我说："傻孩子，这是丝绵裤，比你身上穿的暖和多了！快换上，北大荒天寒地冻的，别冻坏了，闹成了寒腿，可是一辈子的事。"

这是崔大婶为我特意做了一条丝绵的棉裤，这是我这一辈子穿的第一条也是唯一一条丝绵裤。那棉裤做得特别的好，由于里面絮的是丝绵，又暄腾，又轻巧，针脚分外得细密。我换上这条丝棉裤，感动得很，一再感谢她，并夸她的手艺好。她叹口气说："你的亲娘要是还活着，她比我做活好，还要细呢！"她说这番话的时候，让我从她的眼睛里能够看到对往昔的一种回忆，也让我看到只有作为母亲才有的一种慈爱之情。

崔大婶已经明显得苍老了许多，岁月真是不留情啊，在她的脸上刻下了明显的皱纹，在她的鬓上添了许多雪丝。她一共生了四个孩子，一辈子没有工作，省吃俭用，操持着这个家，一直把老人送终，把孩子带大。孩子好不容易长大了，却又一个个地离开了家，而且越走越远。她要操的心很多，却总是不忘记我，从来没有给自己的孩子做过一条丝绵裤，她却把这条丝绵裤送给了我。我知道，她是把我当成了她自己的孩子，始终把她的关爱给予我，默默地替代着我母亲的那一份情分。虽然，大多的时候，崔大婶并不说什么，但我能够感受得到，就像是风，看不到，摸不着，却总能够感受得到风无时无地不在吹拂着我的脸庞。

那条丝绵裤，虽然现在再也穿不上了，却一直压在我的箱子底。四十五年过去了，它是岁月的见证，也是生命与情感的见证。我应该为它写传。

遥远的土豆花

在北大荒，我们队的最西头是菜地。菜地里种的最多的是土豆。那时，各家不兴自留地，全队的人都得靠这片菜地吃菜。秋收土豆的时候，各家来人到菜地，一麻袋一麻袋把土豆扛回家，放进地窖里。土豆是东北人的看家菜，一冬一春吃的菜，大部分靠着它。

土豆夏天开花，土豆花不大，也不显眼，要说好看，赶不上扁豆花和倭瓜花。扁豆花，比土豆花鲜艳，紫莹莹的，一串一串的，梦一般串起小星星，随风摇曳，很优雅的样子。倭瓜花，明黄黄的，颜色本身就跳，格外打眼，花盘又大，很是招摇，常常会有蜜蜂在它们上面飞，嗡嗡的，很得意地为它唱歌。

土豆花和它们一比，一下子就站在下风头。它实在是太不起眼。因为队上种的土豆占地最多，被放在菜地的最边上，土地的外面就是一片荒原了。在半人高的萋萋荒草面前，土豆花就显得更加弱小得微不足道。刚来北大荒那几年，虽然夏天在土豆开花的时候，常到菜地里帮忙干活，或者到菜地里给知青食堂摘菜，或者来偷吃西红柿和黄瓜，但是，我并没有注意过土豆花，甚至还以为土豆是不开花的。

我第一次看到并认识土豆花，是来北大荒三年后的夏天，那时候，我在队上的学校当老师。

学校除了校长就我一个老师，从一年级到六年级的所有课程，都是我和校长两个人负责教。校长负责低年级，我负责高年级。三年级到六年级的学生，鸡呀鸭呀挤在一个课堂里上课，常常是按下葫芦起了瓢，闹成一团。应该说，我还是一个负责的老师，很喜欢这样一群闹翻天却活泼可爱的孩子。所以当有一天发现五年级的一个女孩子一连好多天没有来上课的时候，心里很是惦记。一问，学生七嘴八舌嚷嚷起来："她爸不让她上学了！"

为什么不来上学呢？在当地最主要的原因是家里孩子多，生活困难，一般家里就不让女孩子上学，提早干活，分担家里的困难，这些我是知道的。那时候，我的心里充满自以为是的悲天悯人的感情和年轻涌动的激情，希望能够帮助这个女孩子，说服她的父母，起码让孩子能够多上几年学，便在没有课的一天下午向这个女孩子家走去。

她是我们队菜地老李头的大女儿。家就住在菜地最边上，在荒原上开出一片地，用拉合辫盖起的茅草房。那天下午，老李头的女儿正在菜地里帮助他爸爸干活，大老远的就看见我，高声冲我叫着"肖老师！"，从菜地里跑了过来。看着她的身上粘着草，脚上带着泥，一顶破草帽下的脸膛上挂满汗珠，心里想，这样的活儿，不应是她这样小的年纪的孩子干的呀。

我跟着她走进菜地，找到她爸爸老李头，老李头不善言辞，但很有耐心地听我把劝他女儿继续上学的话砸姜磨蒜地说完，翻来覆去只是对我说："我也是没有办法呀，家里孩子多，她妈妈又有病。我也是没有办法呀！"她的女儿眼巴巴地望着我，又望着他。一肚子的话都倒干净了，我不知道该再说什么好，竟然出师不利。当地农民巨大的生活压力，也许不是我们知青能够想象的，在沉重的生活面前，同情心打不起一点分量。

那天下午，我不知道是怎么和老李头分手的。一种上场还没打几个回合就落败下场的感觉，让我很有些挫败感。老李头的女儿一直在后面跟着我，把我送出菜地，我不敢回头看她，觉得有些对不起她。她是一个懂事的小姑娘，她上学晚，想想那一年她有十三四岁的样子吧。走出菜地的时候，她倒是安慰我说："没关系的，肖老师，在菜地里干活也挺好的，您看，这些土豆开花挺好看的！"

我这才发现，我们刚才走进走出的是土豆地，她身后的那片土豆正在开花。我也才发现，她头上戴着的那顶破草帽上，围着一圈土豆花编织的花环。这是我第一次看到土豆花，那么的小，小的不注意，几乎会忽略掉它们。淡紫色的小花，一串串的穗子一样串在一起，一朵朵簇拥在一起，确实挺好看的，但在阳光的炙烤下，像褪色了一样，有些暗淡。我望望她，心想她还是个孩子，居然还有心在意土豆花。

土豆花，从那时候起，不知为什么在我的心里有一种忧郁的感觉，让我总也忘记不了。记得离开北大荒调回北京的那一年夏天，我特意邀上几个朋友到队上的这片土豆地里照了几张照片留念。但是，照片上根本看不清土豆花，它们实在是太小了。

前几年的夏天，我有机会回北大荒，过七星河，直奔我曾经所在的生产队，一眼看见了队上那一片土豆地的土豆正在开花。过去了已经几十年了，土豆地还在队上最边的位置上，土豆地外面还是一片萋萋荒草包围的荒原。真让人觉得时光在这里定格。

唯一变化的是土豆地旁的老李头的茅草房早已经拆除，队上新盖的房屋，整齐排列在队部前面的大道两旁，一排白杨树高耸入天，摇响巴掌大的树叶，吹来绿色凉爽的风。我打听老李头和他女儿。队上的老人告诉我："老李头还在，但他的女儿已经死了。"我非常惊讶："他女儿的年龄不大呀，怎么这么早就死了呀？"他们告诉我，她嫁人搬到别的队上住，生下两个女儿，都不争气，不好好上学，老早就退学，一个早早嫁人，一个跟着队上一个男孩跑到外面，也不知去干什么，再也没有回过家，活活地把她给气死了。

我去看望老李头，他已经病瘫在炕上，痴呆呆地望着我，没有认出我来。不管别人怎么对他讲，一直到我离开他家，他都没有认出我来。出了他家的房门，我问队上的人："老李头怎么痴呆得这么严重了呀？没去医院瞧瞧吗？"队上的人告诉我："什么痴呆，他闺女死了以后，他一直念叨，当初要是听了肖老师的话，让孩子上学就好了，孩子就不兴死了！他好多天前就听说你要来了，他是不好意思呢！"

在土豆地里，我请人帮我拍张照片留念。淡紫色的、穗状的、细小的土豆花，在这片遥远得几乎到了天边的荒原上的土豆花，多少年来就是这样花开花落，关心它们，或者偶尔之间想起它们的人会有多少呢？

世上描写花的诗文多如牛毛，由于见识的浅陋，我没有看过描写过土豆花的。一直到二十世纪九十年代，看到了东北作家迟子建的短篇小说《亲亲土豆》，才算第一次看到了原来还真的有人对不起眼的土豆花情有独钟。在这篇小说的一开头，迟子建就先声夺人地用了那么多好听的词儿描写土豆花，说它"花朵呈穗状，金钟般吊垂着，在星月下泛出迷离的银灰色"。这是我从来没见过的对土豆花如此美丽的描写。想起在北大荒时，看过土豆花，却没有仔细观察过土豆花，竟然是开着倒挂金钟般穗状的花朵。在我的印象里，土豆花很小，呈细碎的珠串是真的，但没有如金钟般那样醒目。而且，我们队上的土豆花，也不是银灰色的，而是淡紫色的。现在想一想，虽然说我们队上的土豆花的样子，没有迟子建笔下的漂亮，但颜色却要更好看一些。

让我没有想到的是，迟子建说土豆花有香气，而且这种香气是"来自大地的一股经久不衰的芳菲之气"。说实话，在北大荒的土豆地里被土豆花包围的时候，我是从来没有闻到过土豆花有这样不同凡响的香气的。所有的菜蔬之花，都是没有什么香气的，无法和果树上的花香相比。

在这篇小说中，种了一辈子土豆的男主人公的老婆，和我一样，说她也从来没有闻到过土豆花的香气的。但是，男主人公却肯定地说："谁说土豆花没香味？它那股香味才特别呢，一般时候闻不到，一经闻到就让人忘不掉。"或许，这是真的，我在土豆地，都是在一般的时候，没福气等到过土豆花喷香到来的时候。

看到迟子建小说这里的时候，我突然想起了老李头的女儿，她闻得到土豆花的香气吗？她一定会闻得到的。

小雪和大雪

我特别喜欢民间的谚语，充满智慧，既是对生活经验的总结，又是对大自然规律的提炼。曾经有这样一句谚语：小雪腌菜，大雪腌肉。还有一句：小雪封地，大雪封河。这两句谚语，很有意思，前面一句，说的是民俗；后面一句，说的是自然。也可以这样说，前面一句，是平常百姓居家过日子的生活；后面一句，是过日子的自然背景；两者之间的关系，是相互勾连在一起的，互为表里。

按照气节，立冬过后，就是小雪。不过，这个小雪只是指节气，不见得一定会真的有小雪花飘落。如果小雪前后能够赶上一场雪，便属于初雪，即便落地即化，也会给人们带来喜悦，让一秋天树叶凋零的枝头，一下子玉枝琼花起来。

难怪人们常常将初雪比作初恋，那种晶莹洁白，落地转瞬即化的样子，很像是纯真又飘忽乃至飘逝的初恋。记得很多年以前，曾经读过一篇小说，讲一个少女的初潮来临的那一天，她跑出门外大叫，正好看见初雪飘落。当然，小说是虚构的，是想以初雪比喻初潮，让这样红白对比得更纯洁而美好，是初恋朦胧的前奏，也是人生新的觉醒和开始。

其实，在北京，小雪节气时赶上初雪的概率是很低的。放翁有一句诗："久雨重阳后，清寒小雪前。"这句诗里的小雪，是对仗于重阳的节气，并非指真的下雪。小雪未雪，是北方尤其是干燥的北京常见的，只是这个节气里，天气变得如放翁所说的，有些清寒。这"清寒"二字，是这个节气最恰当而形象的指示牌。如果说冬至后的大寒才会露出冬天真正的面目，那时候的寒冷可以称之为"酷寒"，"小雪"节气里的"清寒"，便由此对比得如同一位清瘦的旗袍女人，而那种"酷寒"的季节，则像是一个必得穿上羽绒服臃肿的胖美人了。所以，在我国从古至今，给女孩子起名字的，有叫小雪的，而很难见到叫大寒的。

小雪时节，赶上真的飘起细碎小雪花的，在我漫长的人生中，只赶上一次。那是四十八年前，我刚刚到北大荒插队不久，记得很清楚，是大田里的豆子刚割完收到场上，还没有完全入囤（铁皮粮仓）。一天上午，天忽然飘了小雪花。由于北大荒的田野甩手无边，一眼望过去，无遮无拦，一直连到远远的地平线。小雪花仿佛迈着细碎的小碎步，跳着芭蕾的小精灵一般，从天边慢慢地飘过来。起初，根本看不见，渐渐的，才见它们拉着洁白的轻纱一样，罩满了天空和田野，也罩满了我们的晒场。

那时候，我正在晒场上装满满一麻袋一麻袋的豆子入囤，眼瞅着小雪花就铺满了晒场的地上，绒毛般的薄薄的一层，像是前些日子早晨起来常常看到过的秋霜。而沾在大豆上的雪花，更像是割豆子时常常冻僵我手指的霜花。连接入囤要爬上的那三阶高高的跳板，已经像铺上了一层银白色的地毯一样，飘忽在晶莹的雪花中。

北大荒地处我国北方，天气显得更冷，小雪前下雪很常见。当地老农告诉我，还有在十一国庆节就下雪的时候呢。但是，对于我却是第一次见到这么早下雪。而且，雪越下越大，到了下午，已经是铺天盖地，白茫茫一片。跳板上全是雪花，太滑，入囤的活儿没法干了。队上放假，我们跑到当时的知青大食堂里玩，那里有我们自制的乒乓球球台，年轻时，吃凉不管酸，以苦为甜，找乐穷开心。

尽管四十八年过去了，记忆里的情景还是那样的清晰，我和伙伴打乒乓球比赛，谁输谁要买一罐罐头请客。那时候，队上小卖部只剩下了香蕉罐头，那种香蕉罐头，到现在我也忘不了，一个长圆形的铁皮罐头里，直杵杵的，只立着四根，是两根香蕉从中间切成了两截。我们的比赛，一直打到小卖部的香蕉罐头卖光，我们把罐头里的香蕉吃光。

以后，小雪时节，我再没有见过下雪。当然，我再也没有见过这样的香蕉罐头。初雪，就这样消失在我逝去的青春里。

关于小雪和大雪那两句谚语：小雪腌菜，大雪腌肉；小雪封地，大雪封河。小时候在北京就听，长大了到北大荒插队时候还听。两地的老人好像是一所学校里毕业的。只是，无论小时候还是长大以后，无论是在北京还是在北大荒，小雪腌菜还有，主要是腌雪里蕻，渍酸菜，但大雪腌肉没有了，因为那时候肉奇缺而显得格外珍贵，每人每月几两猪肉的限量，是无法腌的。不过，小雪封地，大雪封河，却是有的，无法更改。这凸显了这句谚语的力度，是远远高于小雪腌菜，大雪腌肉这句谚语的。生活的经验可以改变，大自然的规律是无法改变的。人在大自然面前，是渺小的，记得一位欧洲的科学家曾经说过，人在自然和生活之间，只是一个比例中项。所以，尊重自然，敬畏自然，是人应该的本分。

当年，我所在北大荒的大兴农场，前后被七星河和挠力河两条河环绕。小雪封地，大雪封河，这句谚语，在北大荒，比在北京还要格外彰显其准确性，灵验得就像安徒生童话里说的：一支手轻轻一动，就可以让冻僵的玫瑰花盛开，也可以让盛开的玫瑰花冻僵。

记得刚去的第一年冬天，顶着飘飞的大雪，我到七星河畔修水利，就是挖土方，准备来年开春将七星河两岸的沼泽地开垦成田地，当时的口号是：开发荒原，向荒原进军。那时候，已经到了大雪的节气，地冻得邦邦硬，一镐头下去，只显现出牙咬的一个浅浅的白印。七星河已经完全封冻，居然可以在河面上跑十轮卡车。这是我从来没有见过的情景。在北京，即便是大雪封河，封冻的河面不会那么厚，那么结实，不敢在冰面上跑汽车的。夏天，我们从北京来这里时候，过七星河，还要乘坐小轮船呢，河水清澈见底，游鱼历历可数。两岸的沼泽地中芦苇丛生，飞着白鹭、仙鹤和好多不知名的水鸟。冬天来了，大雪飘飞的时候，七星河完全变成了另一种模样，安静而温顺得任十轮卡车在它的上面尽情奔跑，任我们的镐头在它的两岸纷飞挥舞。

真的，一辈子没见过这么纷纷扬扬的大雪，没见过这么结实的封冻的河面。那时候，大雪封河是和大雪封门这两个词是连起来一起用的。但是，大雪封门的时候，我们会铲掉门前的雪，依然出工到七星河畔去修水利，我们也会用炸药炸开河面厚厚的冰层，去捕捞河底的鲤鱼吃。我们没有想过，大雪封门的时候，我们就需要休息；大雪封河的时候，河同样也需要休养生息。

四十多年过去了。前几年，我回过一次北大荒。站在七星河畔，我格外惊讶，河水是那样的浅，那样的瘦，和当年我最初见到它时完全两个样子，仿佛一下子苍老成了一个瘦骨嶙峋的老人。河两岸当年被我们用双手开发成的田野，现在正在逐步恢复原有的沼泽地，说那是湿地，是七星河两岸的肾。河水滋养着沼泽地，沼泽地也滋养着河水。我感叹我们青春徒劳的无用功，更感叹大自然真的是不可冒犯，冒犯了，便会给予我们惩罚。

如今，依旧是小雪腌菜，大雪腌肉，依旧是小雪封地，大雪封河。只是，七星河的河面冰封时不再有原来那样厚，那样宽了。十轮卡车也不再在河面上跑了，因为河上架起一座人工修造的七星桥。

还是非常想念没有桥的时候，在大雪纷飞的时候，坐着爬犁，几匹马拉着，爬犁飞快地跑在封冻的七星河面的情景，是任何地方都比不上的壮观。洁白如玉的雪，厚厚地铺在河面上，爬犁的辙印刚刚印下粗粗的凹痕，立刻就又被雪花填平。爬犁始终像是在一面晶莹的镜面上飞行。

如果是雪停的时候，一下子，不知从哪儿突然飞来一群像麻雀大的小鸟，当地人管这种鸟叫雪燕，它们浑身的羽毛和雪花一样也是白色的，只是略微带一点浅褐色。雪地上飞起飞落着小巧玲珑的雪燕，和雪地那样浑然一体的白，在夕阳金色的余晖映照下，分外迷人。那情景有些像童话，仿佛我们要赶去参加森林女王举办的什么舞会，而它们就是森林女王派来的向导。那群雪燕在我们的爬犁前飞起飞落，然后飞跑，一直飞到七星河边的老林子里，落在树枝上，坠得树枝颤巍巍的，溅落下的雪花响起一阵细细的声响，如同音乐一般美妙。

那样的情景，是以后我再也没有见到的。那是只有童话里才有的一种情景，那是只有童话里才有的一种感觉，

鲫鱼汤

　　有些事很难忘记。大学毕业那年暑假，我回北大荒一趟。那时，知青返乡热还没兴起，我是我们生产队乃至全农场第一个回去的知青，乡亲们都还健在。过佳木斯，过富锦，过七星河，我赶回我曾经待过的大兴岛二队的上午，队上已经特意杀了一头猪，在两家老乡家摆出了阵势，热闹得像准备过年。

　　几乎全队的人都聚集在那里，等着和我一醉方休。挨个乡亲，我仔细看了一周遭，发现只有车老板大老张没有来。我问大老张哪儿去了。几乎所有人都笑了起来，七嘴八舌地叫道："喝晕过去了呗！得等着中午见了！"

　　大老张是我们队上有名的酒鬼。一天三顿酒，一清早起来，第一件事是摸酒瓶子，赶车出工的时候，腰间别着酒葫芦，什么时候想喝，就得喝上一口。有时候，去富锦拉东西，回来天落黑了，他又喝多了，迷了路，幸亏老马识途，要不非陷进草甸子里，回不了家。

　　不过，大老张干活不惜力，他长得人高马大，一膀子力气，麦收豆收，满满一车的麦子和豆子，他都是一个人装车卸车，不需要帮手。需要帮手的时候，他爱叫上我。因为他爱叫我给他讲故事，他最爱听《水浒传》。我们俩常常为争谁坐水浒里的第一交椅而掰扯不清，我说是"豹子头"林冲，他非要说是阮小二，因为阮小二是打鱼的，他家祖上也是打鱼的。那都是哪辈子的事了？自从他爷爷闯关东之后，他就会赶马车。

那时候，知道我和大老张关系不错，大老张老婆老找我，让我劝大老张少喝点儿。每一次劝，大老张都会说："停水停电不停酒！"然后，接着雷打不动地喝。

那天午饭，我也没少喝。两户人家，屋里屋外，炕上炕下，摆了好几桌，杀猪菜尽情地招呼，乡亲们问我这个人怎么样，那个人又怎么样，一个个的知青，都关心地问了个遍。借着北大荒酒的酒劲，乡亲们的热情，一浪高过一浪。

午饭快要结束的时候，院子里传来了嗓门声，叫着我的名字："肖复兴在哪儿了？"一听，就是大老张，这家伙，真的是等到中午才来？早晨的酒劲儿过去了，又接着中午这一顿续上了？我赶紧起身叫道："我在这儿！"他已经走进了屋，大手一扬，冲我叫道："看我给你弄什么来了。"我定睛一看，他手里拎着两条小鱼。那鱼很小，顶多有两寸来长。他接着对我说："一清早我就到七星河给你钓鱼去了，钓了一上午，钓到了现在，就钓上这么两条小鲫瓜子！"说着，他把鱼递给身边的一个妇女，嘱咐她："去给肖复兴炖汤喝，我就知道你们吃的什么都有，就是没有鱼！"

有人调侃大老张："我们还以为你喝晕过去了呢！"大老张很一本正经地说："今儿我可是一滴酒还都没有喝呢，我说什么也得给咱们肖复兴钓鱼去，弄碗鱼汤喝呀！酒喝多了，鱼怎么钓？"这话说得我心头一热。自从认识大老张以来，这是他第一次一上午滴酒未沾。

鲫鱼汤炖好了，端上来，只有小小的一碗。炖鱼的那个妇女说："鱼实在是太小了！大家都让你喝，说这可是大老张的一片心意！"这时候，大老张已经喝多了，顾不上鲫鱼汤，只管呼呼大睡。满是胡子楂的大嘴一张一合吐着气，像鱼嘴张开吐着泡泡，浑身是七星河畔水草的气味。

什么时候，有过一个人，整整一个上午，让你喝上一碗鱼汤，而为你专门去钓鱼？我的心里说不出的感动。单木不成林，一个地方，之所以让你怀念，让你千里万里想再回去看看，不仅仅是那个地方让你难忘，更是有人让你难忘。

我永远难忘那碗小小的鲫鱼汤，汤熬成了奶白色，放了一个红辣椒，几片香菜，色彩那样的好看，味道那样的鲜美。算一算，三十五年过去了，七星河还在，但是，钓鱼的人不在了。那个唯一一个上午忍着酒虫子钻心而专心坐在那里，专门为你钓鱼的人不在了。

春节的苹果

我回到北京，说起这件事，好多人都不相信是真的。但它确实是真的。事情发生在四十八年前的春节，那是我离开北京到北大荒过的第一个春节。

大年初一的中午，队上聚餐。尽管从年三十就开始大雪纷纷，依然阻挡不住大家对这顿年饭的渴盼，很早，全部知青拥挤在知青食堂里。队里杀了一头猪，炖了一锅杀猪菜，为大家打牙祭。队上小卖部的酒，不管是白酒还是果酒，早被大家买光。

那是我第一次吃杀猪菜，翻滚着沸腾的水花，端上来，热气腾腾，扑面而来，满眼生花，觉得很新鲜，尤其是里面的血肠，从来没有见过，特别滑爽好吃。

比血肠更让我感到新鲜的，是赶马车的大老张带来的一大坛子酒，倒给我们每个人一小杯，让我们尝尝，猜猜是什么酒。这种酒，别说我从来没有喝过，就是见都没见过。度数没有北大荒酒强烈，却别有一种香气，浅黄颜色，非常鲜亮，味道有点儿甜，也有点儿发酸，入口进肚，绵绵悠长，特别受女知青的欢迎。一大坛子酒，很快被大家喝光。大老张告诉我们这叫"嘟柿酒"，是他用嘟柿自己酿造的。嘟柿，是一种秋天结的野果，那时，我没有见过这玩意儿，大老张说秋天带我进完达山摘嘟柿去。

这顿年饭，热热闹闹，从中午一直吃到了黄昏。难得队上杀了一头猪，难得大家能欢聚一堂。都是第一次离开家，心中想家的思念，便暂时被胃中的美味替代。有人喝多了，有人喝醉了，有人开始唱歌，有人开始唱戏，有人开始掉眼泪……拥挤的食堂里，声浪震天，盖过了门外的风雪呼啸。

就在这时候，菜园里的老李头儿扛着半拉麻袋，一身雪花，推门进了食堂。老李头五十多岁，大半辈子伺弄菜地，我们队上的菜园，让他一个人侍弄得姹紫嫣红，供我们全队人吃菜。不知道他的麻袋里装得什么东西，如果是菜，大家的年饭都已经吃完了，他扛来菜还有什么用呢？只看老李头儿把麻袋一倒，满地滚的是卷心菜（北大荒人管它叫洋白菜），果然是菜，望着一地的卷心菜，望着老李头儿，大家面面相觑，有些莫名其妙。几个喝醉酒的知青冲老李头儿叫道："这时候，你弄点儿子洋白菜干什么用呀？倒是再拿点儿酒来呀！"

老李头儿没有理他们的叫喊，让身边的一位知青去食堂里面拿把菜刀来。要菜刀干吗呢？大家更奇怪了。菜刀拿来了，递在老李头儿手里，只见他刀起刀落，卷心菜被拦腰切成两半，从菜心里露出来一个苹果。简直就像变魔术一样，这让大家惊叫起来。不一会儿的工夫，半麻袋的卷心菜里的苹果都金蝉脱壳一般滚落出来，每桌上起码有一两个苹果可吃了。那苹果的颜色并不很红，但那一刻在大家的眼睛里分外鲜红透亮。

可以说，这是这顿年饭最别致的一道菜。这是老李头儿的绝活儿。苹果挂果的季节，正是卷心菜长叶的时候。老李头儿把苹果放进刚刚卷心的菜心里，外面的叶子一层层陆续包裹上苹果，便成为苹果在北大荒最好的储存方式。没有冰箱的年代里，老李头儿的土法子，也算是他的一种发明呢。老李头儿就等着过年的时候拿出来亮相，让自己露一手。

很多人不大相信，有人对我说，卷心菜的菜叶是一层层从外面往里面长的，苹果怎么能包裹进菜心里面呢？说这样话的人，是没有种过卷心菜。前两天，我到北京郊区的知青农场的大棚里买新鲜的蔬菜，看到大棚里的卷心菜正在卷心长叶，和负责种菜的一位师傅说起这段往事，她望着卷心菜的菜心，笑着说，这倒真是一种好法子！现在，正是把苹果放进菜心里的时候。

荒原记忆

在我国传统文化中，只有大地、乡土或原野，没有"荒原"这个词。"荒原"这个词应该最早出现在五四时期。那时候，有艾米莉·勃朗特的《呼啸山庄》和奥尼尔的《荒原》翻译出版，荒原不仅作为一种文学中的情境与意象，也作为一种新时代特别是五四之后，冲破的旧文化的藩篱而渴求新的生活的时代动荡中，人们向未知世界挑战或与欲征服的欲望和精神的存在。曹禺就是那个年代受到奥尼尔的影响，写作了《原野》。在曹禺的剧作中，在我看来，这是他最好的一部剧。去年，他的《雷雨》重新演出，遭到年轻人的哄笑，但在《原野》中，不会出现这样由时代造成的隔膜而引发跨时空的笑声。因为《原野》中的背景不仅仅是时代更是人类共同生存的窘境，可以和现代人共鸣。而这恰恰是"原野"不受时空限制永恒的象征意义。其实，在奥尼尔剧中的"原野"一词，应该翻译为"荒原"。

荒原不是作为文本意义和象征意义，而是作为实实在在地存在，真正出现在我的面前，是1968年7月的夏天，我二十一岁。我来到北大荒生产建设兵团一个被挠力河和七星河包围的大兴岛。一个北大荒的"荒"字，就注定了它荒原的归属。那时候，我们乘坐一艘柴油机动船，渡过七星河的时候，放眼望去，宽阔河水两岸都是长满芦苇的沼泽地，再远处，则是一片荒草萋萋的荒地，一直平铺待天边的地平线。我才见识了什么是荒原。在这样一片荒原包围下，轰轰作响的机动船和船上的我们，都显得那么渺小。

后来，我们扎起了帐篷，开荒种地；再后来，我被调到生产建设兵团六师的师部，一个叫建三江的地方——这个名字是当时我们的师长取的，为了就是开发这一片"三江"荒原。所谓"三江"，指的是黑龙江、松花江和乌苏里江三条江包围的地盘。向荒原进军，是当时喊出的响亮口号。我奉命调到那里去编写文艺节目。记得我和伙伴们编写的第一个节目是叫作《绿帐篷》的歌舞，第一段歌词是这样唱的："绿色的帐篷，双手把你建成；像是那花朵，开遍在荒原中……"

现在，才知道，当年我们开发的荒原，其实是湿地，被称作大地的肾。这些年，知青重返北大荒，成为了一种热潮。前些年，我也曾经回过北大荒，看到把开发出来的地重新恢复为湿地，保护湿地，成为和当年开发荒原一样响亮的口号。看着已经瘦得清浅的七星河，和变幻了色彩的原野，觉得历史和我们开了个玩笑。

后来看学者赵园的著作，她在论述荒原和乡土之间的差别时说：乡土是价值世界，还乡是一种价值态度；而荒原更联系于认识论，它是被创造出来的，主要用于表达人关于自身历史、文化、生命形态和生存境遇的认识。她还说，乡土属于某种稳定的价值情感，属于回忆；而荒原则由认识的图景浮出，要求对它的解说与认指。

赵园的话，让我重新审视北大荒。对于我们知青，它属于荒原，还是乡土？属于乡土，可当时那里确实是一片兔子都不拉屎的荒原，当年青春季节开发的荒原并没有什么价值；属于荒原，为什么知青如今把它当作自己的故乡一样频频含泪带啼地还乡？过去曾经经过的一切，都融有那样多的情感价值的因素？

我有些迷惘。仔细想当年荒原变良田，北大荒变北大仓的情景，和如今又恢复湿地的翻云覆雨的颠簸，该如何爬梳厘清这一切错综复杂的关系？或许对于我们知青而言，北大荒这片中国土地上最大的荒原和乡土的关系，并不像赵园分割得那样清爽。这片荒原，既有我们的认识价值，又有我们的情感价值；既属于被我们开垦创造出来的荒原，又属于创造开垦我们回忆的乡土。

我想起四十四年前，1971 年的春节，我在师部，由于有事耽搁，等年三十要走了，突如其来的一场暴风雪，让我无法过七星河回原来的生产队和朋友老乡聚会一起过年。师部的食堂都关了张，大师傅们都早早回家过年了，连商店和小卖部都已经关门，命中注定，别说年夜饭没有了，就是想买个罐头都不行。

暴风雪从年三十刮到了年初一，我只好蜷缩在孤零零的帐篷里。就在这时候，忽然听到有人大声呼叫我的名字。由于暴风雪刮得很凶，那声音被撕成了碎片，显得有些断断续续，像是在梦中，不那么真实。但那确实是叫我名字的声音。我非常的奇怪，会是谁呢？在师部，我仅仅认识的宣传队里的人一个个都早走了，回去过年了，其他的，我没有一个认识的人呀！谁会在大年初一的上午来给我拜年呢？

满腹狐疑，我披上棉大衣，下了热乎乎的暖炕，跑到门口，掀开厚厚的棉门帘，打开了门。吓了我一跳，站在大门口的人，浑身是厚厚的雪，简直是个雪人。我根本没有认出他来。等他走进屋来，摘下大狗皮帽子，抖落下一身的雪，我才看清是我们二连的木匠老赵。他从怀里掏出一个大饭盒，打开一看，是饺子，个个冻成了邦邦硬的砣砣。他笑着说道："可惜过七星河的时候，雪滑跌了一跤，饭盒撒了，捡了半天，饺子还是少了好多。凑合吃吧！"

我立刻愣在那儿，半天没说出话来。他是见我年三十没有回队，专门来给我送饺子来的。如果是平时，这也许算不上什么，可这是什么天气呀！他得多早就要起身，没有车，三十来里的路，他得一步步地跋涉在没膝深的雪窝里，他得一步步走过冰滑雪滑的七星河呀。

那一刻，风雪中的荒原和帐篷，因老赵和这盒饺子而变得温暖。真的，哪怕只剩下了这盒饺子，北大荒对于我既属于荒原，也属于乡土。

麦秸垛和豆秸垛

在北大荒插队的时候，我只留意过豆秸垛，没有怎么留意麦秸垛。那时候，队上每家的房前屋后最起码都要堆上一个豆秸垛，很少见有麦秸垛的。我们知青的食堂前面，左右要对称地堆上两个豆秸垛，高高的，高过房子，快赶上白杨树了。这些豆秸，要用整整一年，烧火做饭，烧炕取暖，都要靠它。

麦秸垛，一般都只是堆在马号牛号旁，喂牲畜用，不会用它烧火做饭，因为它没有豆秸经烧，往灶膛里塞满麦秸，一阵火苗过后，很快就烧干净了，只剩下一堆灰烬，徒有热情，没有耐力。

返城后很多年，看到了梵·高的速写和莫奈的油画，有很多幅画画的是麦秸垛，一堆堆，圆乎乎，胖墩墩，蹲在收割后的麦田里，闪烁着金子般的光。才发现麦秸垛挺漂亮的，只不过当初忽略了它的存在。只顾着实用主义的烧火做饭烧炕取暖，不懂得它还可以入画，成为审美的浪漫主义的作品。

后来看到文学作品，大概是铁凝的小说，她称麦秸垛是矗立在大地上女人的乳房。这样的比喻，我从来没有想到过，尽管我在北大荒经历过好多年的麦收。但我不得不承认，这个比喻新鲜，充满乡土气息和人情味，让我忍不住想起当年在北大荒一望无际的麦田里，弯腰挥舞镰刀也抖动着大乳房的当地能干的妇女。

再后来，我看到聂绀弩的诗，他写的是北大荒的麦秸垛："麦垛千堆又万堆,长城迤逦复迂回,散兵线上黄金满,金字塔边赤日辉。"他写得要昂扬多了,长城、黄金和金字塔的一连串的比喻,总觉得压在麦秸垛上会让麦秸垛力不胜负。不过,也确实惭愧当年在北大荒收麦子时缺乏这样的想象力。

但是,对于豆秸垛,我多少还是有些想象的,那时看它圆圆的顶,结实的底座,阳光照射下,一个高个子又挺拔的女人似的,丰乳肥臀,那么给你提气。当然,比起麦秸垛的金碧辉煌,豆秸垛灰头灰脸的,像土拨鼠的皮毛。只有到了大雪覆盖的时候,我才会为它扬眉吐气,因为那时候,它像我儿时堆起的雪人。

用豆秸,是有讲究的,会用的,一般都是用三股叉从豆秸垛底下扒,扒下一层,上面的豆秸会自动地落下来,填补到下面来,绝对不会自己从上面塌下来。在这一点上,麦秸垛是无法与之相比的,如果是麦秸垛,早就像一摊稀泥一样,坍塌得一塌糊涂,因为麦秸太滑,又没有豆秸枝杈的相互勾连。所以,就是一冬一春快烧完了,豆秸垛都会保持着原来那圆圆的顶子,就像冰雕融化时候那样,即使有些悲壮,也有些悲壮的样子,一点一点地融化,最后将自己的形象湿润而温暖地融化在空气中。

因此,垛豆秸垛,和垛麦秸垛,是完全两回事。垛豆秸垛,在北大荒是一门本事,不亚于砌房子,一层一层的砖往上垒的劲头和意思,和一层一层豆秸往上垛,是一个样的,得要手艺。一般我们知青能够跟着车去收割完的豆子的地里去拉豆秸回来,但垛豆秸垛这活儿,都得等老农来干。在我看来,能够会垛它的,会使用它的,都是富有艺术感的人。在质朴的艺术感方面,老农永远是我的老师。

不能怪我偏心眼儿,对豆秸垛充满感情。对于麦秸垛,我的心里有一道迈不过去的坎儿。尽管看过了梵高和莫奈的画,看过了铁凝的小说和聂绀弩的诗,对于麦秸垛,还是提不起足够的精神,用他们那种独有的审美眼光，重新审视麦秸垛之后，然后从容地迈过这个坎儿。

我怎么也忘不了，四十五年前，在北大荒的麦收时节，打夜班收麦子，一位北京女知青，因为一连几夜没睡觉，太困了，倒在麦地的一个麦秸垛里睡着了。那时候，联合收割机在麦地里收好麦子顺便就脱好谷，剩下的麦秸，就地垒成小小的麦秸垛，等天亮时马车来拉走，拉到马号牛号去，或者是麦收后一把火把它烧净。大概怕着凉，这个女知青顺手在自己的身上盖了一层麦秸。一片金灿灿的麦秸在月光下闪光，收割机开了过来准备拐弯去收割下一片麦田的时候，以为真的是一个小小的麦秸垛，便开了过去，从她的腰间无情地压了过去。

我常想起我们农场那位躺在麦秸里被收割机压伤腰的女知青。在那一群女知青中，她长得很出众，高高的身条儿，秀气的面庞，如今只要一想起麦秸垛，我的眼前就忍不住浮现出她青春时如花似玉的样子。回北京这么多年，我只见过她一次，是个夏天的黄昏，她一个人扶着墙艰难地向胡同口的公共厕所走去。我很难忘记那个夕阳中拖长的她那蹒跚的身影，我不敢招呼她，我怕引起她伤怀的往事。我的心真是万箭穿伤，不知道她恨不恨那个麦秸垛，我恨透了麦秸垛。

我知道，这是我的偏颇，麦秸垛是无辜的，只不过有我的感情在里面而伤感。即使我无法以梵·高、莫奈、铁凝和聂绀弩一样，赋予麦秸垛那样多的诗情画意，但坦率地讲，北大荒的麦秸垛和豆秸垛，都让我无法忘怀，是它们让我看到了生活中的美好与艰辛，看到了青春如风，流年似水，成为我抹不去的回忆背景。

向叶圣陶先生学习写作的奥秘

——在北京言几又书店的讲座（2020年10月24日）

　　叶圣陶先生的《写作常谈》（北京出版社2020年10版），书名很平易，一下子把架子就放下来了。什么是写作？写信是写作，写作文是写作，写日记是写作，所有人都要写作，不见得写书才是写作。所以，叶老先生只说是写作，没有说是创作。

　　这本书没多厚，但是我相信，你如果能从头读到尾读，一定会有收获。

　　我和叶圣陶先生有一面之交，他曾对我的作文进行详细地批改。我当时十五岁，上初三，但是叶圣陶先生并没有教给我任何写作秘诀，他给予我的关怀和鼓励，为我树立的是对文学的信心。他对我作文具体的修改，让我知道了如何讲求文字，这至关重要。

　　叶先生说的都是大白话，今天，我重点说说这本书里三篇文章：一篇是《和教师谈写作》，一篇是叫《第一口蜜》，一篇是《文艺作品的鉴赏》，来谈我读后的体会。

想清楚了再写

　　《和教师谈写作》谈了这么几个观点：

首先要想清楚了再写。这谁不明白？但是做没做到是另外一回事。很多文章没想清楚，一个想法刚冒出火花就开始匆匆忙忙动笔，这样的话，一般文章就很难写。所谓想清楚，是说从头到尾想明白，才能清楚怎么写，否则写的时候就很匆忙。

第二，叶圣陶先生强调写完一篇稿子，念几遍，对修改大有好处。这是老先生真正的经验之谈。写完一篇稿子，别说念几遍，起码念一遍，都有谁能做到？念给谁听？给自己听。默读一遍也可以。为什么要念？叶先生讲，念不下去了就说明这儿有疙瘩：一个是语言出现疙瘩，不顺溜；二是思想的疙瘩，你没有想清楚。对于初学写作者，这尤其是经验之谈。

我在中央戏剧学院读书的时候，就学这种方法。十点半宿舍关灯前，我们五个同学互相讲笑话，一般我给他们讲我要写什么，从头到尾讲一遍，就发现有的地方他们爱听，有的不爱听。我就想人家为什么爱听，爱听的地方说明我讲得好，不爱听的地方就要进行调整，是不是说得啰唆了，还是说得不吸引人了。

挑能写的写

叶圣陶先生接着说，平时的积累很重要。这种积累指的是你在写的时候，要"挑能写的写"。什么叫挑能写的写呢？

在另一篇文章《拿起笔之前》中，他说："在实际生活中要养成精密观察和认识的习惯，是一种准备的功夫。"这里面第一是观察，就是要"看见"，视而不见，见而无感，是不行的。那里有一朵花，别人没看见，你看见了，走过去芬芳扑面而来，别人就失去了"芬芳"的机会。第二是认识，就是要提高自己对事物感受的能力，通过感受变成你自己的一种写作财富。这两点是至关重要的，是叶圣陶先生所说的写作之前的"准备功夫"。如果你愿意写东西，首先要在这两点下功夫。下得了功夫，才能练就出功夫。当年莫泊桑请教福楼拜写作方法，福楼拜让他先骑马转一圈再回来，就是让他先观察。叶圣陶先生说要精密观察，也就是说不能光扫一眼，走马观花。

叶圣陶先生说的另一点是要深刻。所谓深刻，一是观察要准确精细，二是你的感受要跟别人不一样。如果你的感受跟别人是一样的，那么你写的东西跟别人也一样。观察到了才能写得到，感受到了才能写得深切。深刻不是说有多少哲学思想，有多少伟大的判断，有多少预见性，像思想家似的一般人也做不到，但是起码有属于你自己的一份感受，要跟别人不太一样，这就可以了。

举个简单的例子，最近我去了一趟颐和园，好长时间没去了，疫情以来第一次去，正好刮大风。颐和园里人还是特别多，在长廊的前头有一个小院，小院对面有一个藤萝架，春天的时候开满架。我坐在那儿画藤萝架，突然闻到一股橘子味，特别香，在北京买过那么多的橘子都没闻到过那么香的。这气味里带有水气，可能是从南方刚带来的，不是北京卖的那种的橘子。我随口说了一句"什么这么香？"，回头一看是个中年女性，四十来岁。她正在看我画画，我回头看她一眼，她有点不好意思，就跑了。前面是一个旅游团，她跑去跟旅游团会师了。但没多大一会儿，她又跑回来，递给我一个橘子。我想跟她说两句话，表示一下感谢，她却扭头走了。就这么一件事，让人感到素不相识的人之间的感情交流。我们在生活中哪有那么多大事，今天地震了，明天车祸了，都让咱赶上了，概率很小，但是类似橘子的事概率很大。

再举一个例子，好多年前，我到邮局寄书、寄信，钱不够，差两毛，兜里就剩一个一百元的整钱。营业员是一个小姑娘，很不高兴，让我再翻翻兜，我说没了。这时候旁边正好有几个农民工，是发了工钱正给家里寄钱。柜台边有一个小男孩，我觉得挺有意思的，他手揣着兜里，兜一边深一边浅，好像是要掏东西，最后掏出两角钱递给我。这时你就感受到小孩对你的一种帮助，不是说捐款十万八万是帮助，两毛钱也是帮助。而且是这样一个跟你素不相识的农民工的小孩，他知道你有困难了，又不好意思，很害羞，这种感觉让人非常感动。等我谢过这小孩，寄完书，去超市买东西，破开了一百元钱，有零钱了，回邮局一看小孩还在，因为人特别多，他们还没寄完钱呢。我当时要掏出两角钱还给小孩，但刹那间我犹豫了一下，是还好还是不还好？小孩干一件好事，如果还他，拂了他的面子，我倒是知恩图报了，但是对小孩来讲会是一件大事。所以我最后犹豫再三，没有还给他。但我走过去，说你怎么还没走，小孩特别高兴，我就又谢了一遍。

像这样的事，一个橘子也好，两角钱也好，是我们生活司空见惯的，每个人都可以遇到。所有人都可以写作，写什么？就写这些东西。这是我们写作者能够驾驭得了的事情，也就是叶圣陶先生所说的，挑能写的去写。你非得挑不能写的去写，虽然主题思想很好、很高大上，但是跟你不搭边，或者你遇不到这样的事情，怎么去写？

日本有一位导演是枝裕和，他既拍电影，也写小说。他的作品非常温馨，又非常生活化。他说过这样一句话：细枝末节就是生活。细枝末节也是写作的根本。所以，我觉得这一点对我来讲是至关重要的。我们在学习别人的时候要注意学习这些东西，不是注意学习那些花里胡哨的词汇，不是注意学习情节如何跌宕起伏，这都不是最主要的。最主要的是，这种细枝末节，我们是不是观察到了，是不是感受到了，是不是像叶圣陶先生所说的，在实际生活中养成了精密观察和认识的习惯。叶圣陶先生说这就是一种写作的功夫。《和教师谈写作》里谈了很多观点，其中我对这几点印象特别深，收获最大。

什么是真正的鉴赏力？

在《第一口蜜》和《文艺作品的鉴赏》当中，叶圣陶先生重点谈了读书、艺术作品鉴赏跟写作之间的相互关系和作用。他说，"欣赏力必须养成"，而且像"蜂嘴深入花心一样"，这样第一口蜂蜜才能尝到。你见了花，蜻蜓点水一样，点了两下就走了，酿不成蜜。

叶先生强调，在这种阅读和鉴赏过程当中，有两点要求：第一要细；第二要有自己的主观介入。他举了一个例子，特别有意思："比如在电影场中，往往会有一些人为了电影中生离死别的场面掉眼泪，但是另外一些人觉得这些场面只不过是全部情节中的片段，并没有什么了不起的，反而对于其中的某些景物的一个特写、某个角色的一个动作点头赞赏不已。"叶圣陶先生讲，这两种人当中，显然后一种人的鉴赏能力比较高。"前一种人只是被动地着眼于故事，看到了生离死别，后一种人却着眼于艺术。"我们阅读的时候也一样，不要光注重情节的部分，煽情的部分。现在不少电视剧就是这样，你可以看，但是被电视剧牵着鼻子走，说电视剧的审美就是我们的审美，就不容易写出好的东西。所以一定要读文学作品。

叶圣陶先生说的这些，对我起码是太有用处了。我联想自己，我在阅读的时候哪些地方被感动了，哪些地方让我有深切的感受，如果让我有深切感受的只有大场面，说明鉴赏力就弱。叶圣陶先生讲了，真正有鉴赏力的人属于前面说的后一种人。

举一个简单的例子，我上中学的时候，有一部电影叫《共产党员》，讲第二次世界大战之后，苏联经济一片凋零，一个共产党员从战场回到乡村，带领着大家脱贫致富，认识了村里的一个女人。这个女人的丈夫对她特别差，老打她，家暴很严重。他们一起工作时，这个共产党员就喜欢上这个女人，女人也对他产生了依恋。有一次共产党员到镇上买东西的时候，顺便买了一个花头巾给她，这女人的丈夫知道以后，把她一顿毒打，而且，把门锁上，用木板把窗户钉上，不许她出去。故事大概是这样，以后怎么发展的，我都忘了，但是我就记住这样一个细节：把门窗都钉死了以后，这女人想逃出来，但被打得遍体鳞伤，没什么力气，最后她把窗户的挡板打开了，好不容易逃出来，刚从高高的窗户跳到外面，她又费尽气力爬回去了，干吗？——把花头巾拿出来。这个细节过去六十年了，我的印象还是非常深刻。真正感动我们的就是生活的细枝末节，而文学要做的事情，就是把这些细枝末节，把人们内心深处涌动的涟漪描绘出来，勾勒出来。

法国以前有一位音乐家德彪西，他一辈子除了一部歌剧，写的大多是小品，几分钟、十几分钟一段的那种。他晚年的时候总结自己的创作经验，说过这样一句话，给我印象非常深："大的东西让我恶心。"这话说得有点极端了，不是大的都不好，大有大的好处，但是大也有大的难处。而文学最擅长的，衡量一个作者有没有写作才华和水准的，就是能不能驾驭"小"的东西，能不能观察、捕捉、感受到细小的东西，然后再现到纸面上，这是最重要的。再大的东西，也是由小的东西一点点累加起来的，就像一座再高的山，也是由一小块一小块石头累积起来的。如果能做到这样，那么你的写作才会得心应手。这也是叶圣陶先生所教导我们的"挑能写的写"。

所以，叶圣陶先生在《第一口蜜》和《文艺作品的鉴赏》这两篇文章当中，主要谈的就是怎么去读书、如何鉴赏艺术作品，让读书和艺术鉴赏化成写作的营养。可以说，没有读书，就没有写作。书是我们写作的最好的老师。《写作常谈》这本书里面的内容很丰富，我希望大家能认真读读，学习学习这些看似老生常谈、但是对我们很有帮助的经验。我刚刚同样由北京出版社出版的《女人和蛇：美国折叠》，写的也都是我在美国细枝末节的见闻和感受，都是一脉相承的。前辈们给我们留下的这些丰富的遗产，我们应当好好珍惜，真正认真去阅读的话，相信大家一定有所收获。

课本里的作家

序 号	作 家	作 品	年 级
1	金 波	金波经典美文：第一辑 树与喜鹊	一年级
2	金 波	金波经典美文：第二辑 阳光	
3	金 波	金波经典美文：第三辑 雨点儿	
4	金 波	金波经典美文：第四辑 一起长大的玩具	
5	夏辇生	雷宝宝敲天鼓	
6	夏辇生	妈妈，我爱您	
7	叶圣陶	小小的船	
8	张秋生	来自大自然的歌	
9	薛卫民	有鸟窝的树	
10	樊发稼	说话	
11	圣 野	太阳公公，你早！	
12	程宏明	比尾巴	
13	柯 岩	春天的消息	
14	窦 植	香水姑娘	
15	胡木仁	会走的鸟窝	
16	胡木仁	小鸟的家	
17	胡木仁	绿色娃娃	
18	金 波	金波经典童话：沙滩上的童话	二年级
19	高洪波	高洪波诗歌：彩色的梦	
20	冰 波	孤独的小螃蟹	
21	冰 波	企鹅寄冰·大象的耳朵	
22	张秋生	妈妈睡了·称赞	
23	孙幼军	小柳树和小枣树	
24	吴 然	吴然精选集：五彩路	三年级
25	叶圣陶	荷花·爬山虎的脚	
26	张秋生	铺满金色巴掌的水泥道	
27	王一梅	书本里的蚂蚁	
28	张继楼	童年七彩水墨画	

序号	作家	作品	年级
29	张之路	影子	三年级
30	曹文轩	曹文轩经典小说：芦花鞋	四年级
31	高洪波	高洪波精选集：陀螺	
32	吴然	吴然精选集：珍珠雨	
33	叶君健	海的女儿	
34	茅盾	天窗	
35	梁晓声	慈母情深	五年级
36	陈慧瑛	美丽的足迹	
37	丰子恺	沙坪小屋的鹅	
38	郭沫若	向着乐园前进	
39	叶文玲	我的"长生果"	
40	金波	金波诗歌：我们去看海	六年级
41	肖复兴	肖复兴精选集：阳光的两种用法	
42	臧克家	有的人——臧克家诗歌精粹	
43	梁衡	遥远的美丽	
44	臧克家	说和做——臧克家散文精粹	七年级
45	郭沫若	煤中炉·太阳礼赞	
46	贺敬之	回延安	八年级
47	刘成章	刘成章散文集：安塞腰鼓	
48	叶圣陶	苏州园林	
49	茅盾	白杨礼赞	
50	严文井	永久的生命	
51	吴伯箫	吴伯箫散文选：记一辆纺车	
52	梁衡	母亲石	
53	汪曾祺	昆明的雨	
54	曹文轩	曹文轩经典小说：孤独之旅	九年级
55	艾青	我爱这土地	
56	卞之琳	断章	
57	梁实秋	记梁任公先生的一次演讲	高中
58	艾青	大堰河——我的保姆	
59	郭沫若	立在地球边上放号	